colección
BFV ■ Biblioteca de la Filosofía Venidera

dirigida por ☐ Fabián Ludueña Romandini

colección
BFV ■ Biblioteca de la Filosofía Venidera

Esta colección quiere abarcar en su espíritu obras que, como quería Walter Benjamin, intenten reflejar no tanto a su autor sino más bien a la dinastía a la cual éstas pertenecen. Dinastías que otorguen los instrumentos para una filosofía por-venir donde lo venidero no sea sólo una categoría de lo futuro sino que también abarque lo pasado, suspendiendo la concepción moderna del tiempo cronológico a favor de una impureza temporal en cuyo caudal pueda tener lugar la emergencia de un pensamiento inactual e intempestivo, capaz de mostrar la potencia filosófica oculta en todas las tradiciones del conocimiento. Filosofía, entonces, como el arte de la fabricación de nuevos conceptos, donde la novedad es siempre entendida tomando en cuenta su anacronismo fundamental y su perpetua inclinación a la polémica.

Título original: La vie des plantes. Une métaphysique du mélange
© 2016, Editions Payot & Rivages

© 2017, Miño y Dávila srl / Miño y Dávila editores SL
© 2017, Gabriela Milone

Edición: Septiembre 2017
Código IBIC: HPJ
ISBN: 978-84-17133-11-5
Tirada: 1000 ej.

Diseño y composición: Gerardo Miño

Página web: www.minoydavila.com
Facebook: http://www.facebook.com/MinoyDavila
Mail producción: produccion@minoydavila.com
Mail administración: info@minoydavila.com
Oficinas: Tacuarí 540

(C1071AAL), Buenos Aires.

tel-fax: (54 11) 4331-1565

EMANUELE COCCIA

LA VIDA DE LAS PLANTAS

Una metafísica de la mixtura

Traducción: Gabriela Milone

Cuidado de la edición: Fabián Ludueña Romandini

Matteo Coccia (1976 – 2001)

in memoriam

*Desde los catorce hasta los diecinueve años
fui alumno de una escuela agrícola de
provincia aislada en el campo de la Italia
central. Estaba allí para aprender un
"verdadero oficio". Así, en lugar de dedicarme
al estudio de las lenguas clásicas, la literatura,
la historia y las matemáticas, como todos mis
amigos, pasé mi adolescencia con libros de
botánica, patología vegetal, química agraria,
cultivo de horticultura y entomología.
Las plantas, sus necesidades y enfermedades,
eran los objetos privilegiados de todo estudio
en esta escuela. Esta exposición cotidiana y
prolongada a seres inicialmente tan alejados
de mí ha marcado de manera definitiva
mi mirada sobre el mundo.
Este libro es el intento por resucitar las
ideas surgidas durante esos cinco años de
contemplación de su naturaleza, su silencio,
su aparente indiferencia a todo lo que
llamamos cultura.*

*Es evidente que solamente hay una sustancia,
que es común no solamente a todos los cuerpos
sino también a todas las almas y los espíritus,
y que no es otra que Dios. La sustancia de la
que proviene todo cuerpo se llama materia:
la sustancia de la que proviene toda alma
se llama razón o espíritu. Y es evidente que
Dios es la razón de todos los espíritus y la
materia de todos los cuerpos.*

David DE DINANT

This is a blue planet, but it is a green world.

Karl. J. NIKLAS

Índice ■

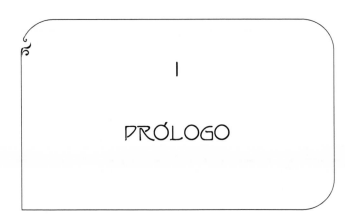

I

PRÓLOGO

Uno ■
De las plantas,
o del origen de nuestro mundo

Apenas las mencionamos, su nombre se nos escapa. La filosofía las ha desatendido desde siempre, más por desprecio que por distracción.[1] Son el ornamento cósmico, el accidente inesencial y colorido que reina en los márgenes del campo cognitivo. Las metrópolis contemporáneas las consideran bibelots superfluos de la decoración urbana. Fuera de los muros de la ciudad, son los huéspedes –las malas hierbas– o los objetos de producción en masa. Las plantas son la herida siempre abierta del esnobismo metafísico que define nuestra cultura. El retorno de lo reprimido, del que es necesario liberarnos para considerarnos como diferentes: hombres, racionales, seres espirituales. Son el tumor cósmico del humanismo, los desechos que el espíritu absoluto no alcanza a eliminar. Las ciencias de la vida también las desatienden. "La biología actual, concebida sobre la base de lo que sabemos del animal, prácticamente no tiene en cuenta a las plantas";[2] "la literatura evolucionista estándar es zoocéntrica". Y los manuales de biología abordan "las plantas de mala gana, como decoraciones sobre el árbol de la vida en lugar de formas que le han permitido a este árbol sobrevivir y crecer".[3]

No se trata simplemente de una insuficiencia epistemológica: "en tanto que animales, nos identificamos más inmediatamente con otros animales que con las plantas".[4] Así, los científicos, la ecología radical, la sociedad civil se comprometen luego de decenios con la liberación de los animales,[5] y la denuncia de la separación entre el hombre y el animal (la máquina antropológica de la que habla la filosofía[6]) se ha convertido en un lugar común del mundo intelectual. Por el contrario, parece que nunca nadie ha querido poner en cuestión la superioridad de la vida animal sobre la vida vegetal, y el derecho de vida y de muerte de la primera sobre la segunda: vida sin personalidad y sin dignidad, ella no merece ninguna empatía benévola ni el ejercicio del moralismo que los vivientes superiores sí alcanzan a movilizar.[7] Nuestro chauvinismo animalista[8] se reúsa a superar "un lenguaje de animales que no es apropiado para la relación con una verdad vegetal".[9] Y en este sentido, el animalismo antiespecista no es más que un antropocentrismo en el darwinismo interiorizado: ha extendido el narcisismo humano al reino animal.

Ellas no son tocadas por esta negligencia prolongada: ostentan una indiferencia soberana hacia el mundo humano, la cultura de los pueblos, la alternancia de reinos y épocas. Las plantas parecen ausentes, como perdidas en un largo y sordo sueño químico. No tienen sentidos, pero están lejos de estar encerradas: ningún ser viviente se adhiere más que ellas al mundo que las rodea. No tienen ni los ojos ni las orejas que les permitirían distinguir las formas del mundo y multiplicar su imagen en la iridiscencia de colores y sonidos que les acordamos.[10] Ellas participan del mundo en su totalidad en todo lo que encuentran. Las plantas no corren, no pueden volar: no son capaces de privilegiar un sitio específico por relación al resto del espacio; deben quedarse allí donde están. El espacio, para ellas, no se dispersa en un tablero heterogéneo de diferencias geográficas; el mundo se condensa en la parte de sol y cielo que ocupan. A diferencia de la mayoría de los animales superiores, no tienen ninguna relación selectiva con lo que las cerca: están, y no pueden más que estar, constantemente expuestas al mundo que las rodea. La vida vegetal es la vida en tanto que exposición integral, en continuidad absoluta y en comunión global con el medio. Es para adherirse lo más posible al mundo que ellas desarrollan un cuerpo que privilegia la superficie por sobre el volumen: "la ratio más elevada de la superficie sobre el volumen en las plantas es uno de sus rasgos más característicos.

Es a través de esta vasta superficie, literalmente extendida en el medio, que las plantas absorben los recursos, diseminados por el espacio, necesarios para su crecimiento".[11] Su ausencia de movimiento no es más que el reverso de su adhesión integral a lo que les sucede y a su medio. No se puede separar –ni físicamente ni metafísicamente– la planta del mundo que la acoge. Ella es la forma más intensa, más radical y más paradigmática del estar-en-el-mundo. Interrogar las plantas es comprender lo que significa estar-en-el-mundo. La planta encarna el lazo más íntimo y elemental que la vida puede establecer con el mundo. Lo inverso también es verdadero: ella es el observatorio más puro para contemplar el mundo en su totalidad. Bajo el sol y las nubes, mezclándose con el agua y el viento, su vida es una interminable contemplación cósmica, sin disociar objetos ni sustancias; o, para decirlo de otro modo, aceptando todos los matices hasta fundirse con el mundo, hasta coincidir con su sustancia. Jamás podremos comprender una planta sin haber comprendido lo que es el mundo.

Viven a distancias siderales del mundo humano como la casi totalidad de los demás vivientes. Esta segregación no es una simple ilusión cultural sino que es de naturaleza más profunda. Su raíz se encuentra en el metabolismo.

La supervivencia de la casi totalidad de los seres vivientes presupone la existencia de otros vivientes: toda forma de vida exige que haya vida ya en el mundo. Los hombres tienen necesidad de la producida por los animales y las plantas. Y los animales superiores no sobrevivirían sin la vida que intercambian recíprocamente gracias al proceso de alimentación. Vivir es esencialmente vivir de la vida de otro: vivir en y a través de la vida que otros han sabido construir o inventar. Hay una suerte de parasitismo, de canibalismo universal, propio del dominio de lo viviente: se alimenta de sí mismo, no se contempla más que a sí mismo, lo necesita para otras formas y otros modos de existencia. Como si la vida en sus formas más complejas y articuladas no fuera más que una inmensa tautología cósmica: se presupone a sí misma, no se produce más que a sí misma. Es por esto que la vida parece explicarse solo a partir de ella misma. Las plantas representan la única grieta en la autoreferencialidad de lo viviente.

En este sentido, la vida superior parece no haber tenido relaciones inmediatas con el mundo sin vida: el primer medio de todo viviente es el de los individuos de su especie, incluso de otras especies. La vida parece *deber ser medio de sí misma, lugar de sí misma.* Solamente las plantas contravienen esta regla topológica de auto-inclusión. No tienen necesidad de la mediación de otros vivientes para sobrevivir. No la desean. No exigen más que el mundo, la realidad en sus componentes más elementales: las piedras, el agua, el aire, la luz. Ven el mundo antes de que sea habitado por las formas de vida superiores, ven lo real en sus formas más ancestrales. O, más bien, encuentran la vida allí donde ningún otro organismo la alcanza. Todo lo que tocan, lo transforman en vida; de la materia, del aire, de la luz solar hacen lo que para el resto de los vivientes será un espacio para habitar, un mundo. La autotrofía –es el nombre dado a este poder de Midas alimentario, aquel que permite transformar en alimento todo lo que toca y todo lo que es– no es simplemente una forma radical de autonomía alimentaria, es sobre todo la capacidad que tienen de transformar la energía solar dispersa en el cosmos en cuerpo viviente, la materia deforme y diversa del mundo en realidad coherente, ordenada y unitaria.

Si es a las plantas a las que es necesario preguntar qué es el mundo es porque ellas son las que "hacen mundo". Es, para la gran mayoría de organismos, el producto de la vida vegetal, el producto de la colonización del planeta por las plantas, desde tiempos inmemoriales. No solamente "el organismo animal está enteramente constituido por sustancias orgánicas producidas por las plantas",[12] sino que también "las plantas superiores representan el 90% de la biomasa eucariota del planeta".[13] El conjunto de objetos y utensilios que nos rodean vienen de las plantas (alimentos, muebles, vestimenta, combustible, medicamentos), pero sobre todo la totalidad de la vida animal superior (que tiene carácter aeróbico) se alimenta de los cambios orgánicos gaseosos de estos seres (oxígeno). Nuestro mundo es un hecho vegetal antes de ser un hecho animal.

Es el aristotelismo el que primero ha advertido la posición liminar de las plantas, describiéndolas como un principio de animación y de psiquismo universal. La vida vegetativa (*psyché trophikê*) no era simplemente, para el aristotelismo de la Antigüedad y de la Edad Media, una clase distinta de formas de vida específicas o una unidad taxonómica separada de otras, sino más bien un lugar compartido por los otros seres vivientes, indiferentemente de la distinción entre plantas, animales y hombres. Es un principio a través del cual "la vida pertenece a todos".[14]

Por las plantas, desde el inicio la vida se define como una *circulación* de vivientes y, por esta causa, se constituye en la diseminación de formas, en la diferencia de especies, de reinos, de modos de vida. No obstante, no son intermediarias, ni agentes del umbral cósmico entre viviente y no-viviente, espíritu y materia. Su llegada a la tierra firme y su multiplicación han permitido producir la cantidad de materia y de masa orgánica de la que la vida superior se compone y se nutre. Pero también y sobre todo, ellas han formado para siempre el rostro de nuestro planeta: es por la fotosíntesis que nuestra atmósfera está masivamente constituida de oxígeno;[15] incluso, es gracias a las plantas y a su vida que los organismos animales superiores pueden producir la energía necesaria para su supervivencia. Es por ellas y a través de ellas que nuestro planeta es una cosmogonía en acto, la génesis constante de nuestro cosmos. La botánica, en este sentido, debería encontrar un tono hesiódico y describir todas las formas de vida capaces de fotosíntesis como divinidades inhumanas y materiales, titanes domésticos que no tienen necesidad de violencia para fundar nuevos mundos.

Desde este punto de vista, las plantas echan a perder uno de los pilares de la biología y de las ciencias naturales de los últimos siglos: la prioridad del medio sobre el viviente, del mundo sobre la vida, del espacio sobre el sujeto. Las plantas, su historia, su evolución, prueban que los vivientes producen el medio en el que viven en vez de estar obligados a adaptarse a él. Ellas han modificado para siempre la estructura metafísica del mundo. Estamos invitados a pensar el mundo físico como el conjunto de todos los objetos, el espacio que incluye la totalidad de todo lo que ha sido, es y será: el horizonte definitivo que ya no tolera ninguna exterioridad, el continente absoluto. Haciendo posible el mundo del que son parte y contenido, las plantas destruyen la jerarquía topológica que parece reinar en el cosmos. Demuestran que la vida es una ruptura de la asimetría entre continente y contenido. Cuando hay vida, el continente yace en el contenido (y es pues contenido por él) y *vice versa*. El paradigma de esta imbricación recíproca es lo que los Antiguos ya llamaban soplo (*pneuma*). Soplar, respirar, en efecto significa hacer esta experiencia: lo que nos contiene, el aire, se vuelve contenido en nosotros y, a la inversa, lo que estaba contenido en nosotros se vuelve lo que nos contiene. Respirar significa estar inmerso en un medio que nos penetra con la misma intensidad con la que lo penetramos. Las plantas han transformado el mundo en la realidad de un soplo; y es a partir de esta estructura topológica que la vida le ha dado al cosmos que, en este libro, intentaremos describir la noción de mundo.

Tres ■
De las plantas,
o de la vida del espíritu

Ellas no tienen manos para manipular el mundo y por lo tanto sería difícil encontrar agentes más hábiles en la construcción de formas. Las plantas no son solamente los artesanos más finos de nuestro cosmos, también son las especies que han abierto en la vida el mundo de las formas, la forma de vida que ha hecho del mundo el lugar de la figurabilidad infinita. A través de las plantas superiores, la tierra firme se ha afirmado como el espacio y el laboratorio cósmico de invención de formas y de hechura de la materia.[16]

La ausencia de manos no es un signo de falta sino más bien la consecuencia de una inmersión sin resto en la materia misma que ellas forman sin cesar. Las plantas coinciden con las formas que inventan: para ellas, todas las formas son declinaciones del ser y no del mero hacer y del actuar. Crear una forma significa atravesarla con todo su ser, como se atraviesan las edades o las etapas de la propia existencia. Haciendo abstracción de la creación y la técnica –que saben transformar las formas a condición de excluir al creador y al productor del proceso de transformación– la planta objeta la inmediatez de la metamorfosis: engendrar siempre significa transformarse. A las paradojas de la conciencia, que no sabe figurar formas más que a condición de distinguirlas de sí y de la realidad de la que son modelo, la planta opone la intimidad absoluta entre sujeto, materia e imaginación: imaginar es devenir lo que se imagina.

No se trata exclusivamente de intimidad y de inmediatez: la génesis de las forma alcanza en las plantas una intensidad inaccesible a todo otro viviente. A diferencia de los animales superiores, cuyo desarrollo se detiene una vez que el individuo alcanza su madurez sexual, las plantas no cesan de desarrollarse y de multiplicarse, pero sobretodo de construir nuevos órganos y nuevas partes de su propio cuerpo (hojas, flores, parte del tronco, etc.) de las que han sido privadas o de las que se han liberado. Su cuerpo es una industria morfogenética que no conoce interrupción. La vida vegetativa no es más que el alambique cósmico de la metamorfosis universal, la potencia que permite a toda forma nacer (constituirse a partir de individuos que tienen una forma diferente), desarrollarse (modificar su propia forma en el tiempo), reproducirse diferenciándose (multiplicar lo existente a condición de modificarlo) y morir (abandonar lo diferente llevándolo a lo idéntico). La planta no es más que un transductor que transforma el hecho biológico del ser viviente en problema estético y hace de esos problemas una cuestión de vida y de muerte.

También por esto es que, ante la modernidad cartesiana que ha reducido el espíritu a su sombra antropomórfica, las plantas han sido consideradas durante siglos como la forma paradigmática de la existencia de la razón. De un espíritu *que se ejercita en la formación de sí.* La medida de esta coincidencia era la semilla. En efecto, en la semilla la vida vegetativa demuestra toda su racionalidad: la producción de una determinada realidad tiene lugar a partir de un modelo formal y sin ningún error.[17] Se trata de una racionalidad análoga a la de la praxis o de la producción. Pero más profunda y radical, porque a ella concierne el cosmos en su totalidad y no exclusivamente a un individuo viviente: es la racionalidad que compromete al mundo en el devenir de un viviente singular. En otros términos, en la semilla, la racionalidad no es una simple función del psiquismo (sea animal o humano) o el atributo de un solo ente, sino un hecho cósmico. Es el modo de ser y la realidad material del cosmos. Para existir, la planta debe confundirse con el mundo, y no puede hacerlo sino en la forma de la semilla: el espacio en el que el acto de la razón cohabita con el devenir de la materia.

Esta idea estoica, a través de las mediaciones de Plotino y de Agustín, se volvió uno de los pilares de la filosofía de la naturaleza en el Renacimiento. "El intelecto –escribía Giordano Bruno– colma todo, ilumina el universo y consecuentemente dirige la naturaleza en la producción de las especies; y es a la producción de cosas naturales lo que nuestro espíritu es a la producción ordenada de especies racionales [...] Los Magos lo llaman fecundo en semillas, o bien sembrador, porque él es quien impregna la materia de todas las formas, y que, siguiendo su destino o su condición, las configura, las forma, las combina en planes tan admirables que no pueden atribuirse ni al azar ni a cualquier otro principio que no sepa diferenciar y ordenar [...] Plotino lo llama padre y progenitor, porque dispersa las semillas en el campo de la naturaleza y es el más cercano dispensador de formas. Para nosotros, es el artista interno, porque forma la materia y la configura desde dentro, así como desde dentro de la semilla o raíz hace surgir y desarrolla el tronco, del tronco las primeras ramas, de las ramas principales las secundarias, de estas los botones; desde dentro forma, configura e inerva, de algún modo, las hojas, las flores, los frutos; y desde dentro, en ciertas épocas, desde las hojas y los frutos reenvía sus humores a las ramas secundarias, de las ramas secundarias a las ramas principales, de estas al tronco, del tronco a la raíz".[18]

No es suficiente reconocer, como lo ha hecho la tradición aristotélica, que la razón es el lugar de las formas (*locus formarum*), el depósito de todas las que el mundo pueda acoger. También es la causa formal y suficiente. Si existe una razón es la que define la génesis de cada una de las formas de la que el mundo se compone. A la inversa, una semilla es el opuesto exacto de la simple existencia virtual con la que se la confunde frecuentemente. El grano es el espacio metafísico donde la forma no define una pura apariencia o el objeto de la visión, ni el simple accidente de una sustancia, sino un destino: el horizonte específico —pero integral y absoluto— de la existencia de tal o cual individuo, y a la vez también lo que permite comprender su existencia y todos los acontecimientos de los que se compone como hechos *cósmicos* y no puramente subjetivos. Imaginar no significa poner una imagen inerte e inmaterial ante los ojos, sino contemplar la fuerza que permite transformar el mundo y una porción de su materia en *una vida singular.* Imaginando, la semilla hace necesaria una vida, deja que su cuerpo se empareje con el curso del mundo. La semilla es el lugar donde la forma no es un contenido del mundo sino el ser del mundo, su forma de vida. *La razón es una semilla pues a diferencia de lo que la modernidad se ha obstinado en pensar,* no es el espacio de la contemplación estéril, no es el espacio de existencia intencional de las formas, sino la fuerza que hace existir una imagen como destino específico de tal o cual individuo u objeto. La razón es lo que permite a una imagen ser un destino, espacio de vida total, horizonte espacial y temporal. Ella es necesidad cósmica y no capricho individual.

Este libro pretende reabrir la cuestión del mundo a partir de la vida de las plantas. Hacerlo significa reanudar una tradición antigua. Lo que, de manera más o menos arbitraria, llamamos filosofía ha nacido y se comprendía, desde el origen, como una interrogación sobre la naturaleza del mundo, como un discurso sobre la física (*peri tês physeôs*) o sobre el cosmos (*peri kosmou*). Esta elección no es para nada azarosa: hacer de la naturaleza y del cosmos los objetos privilegiados del pensamiento significaba afirmar implícitamente que el pensamiento no deviene filosofía más que confrontándose con esos objetos. Es frente al mundo y a la naturaleza que el hombre puede verdaderamente pensar. Esta identidad entre mundo y naturaleza está lejos de ser banal. Pues *naturaleza* designaba no lo que precede la actividad humana ni lo opuesto a la cultura, sino lo que le permite a todo nacer y devenir, el principio y la fuerza responsables de la génesis y de la transformación de no importa qué objeto, cosa, entidad o idea que existe o existirá. Identificar naturaleza y cosmos significa desde el inicio hacer de la naturaleza no un principio separado sino aquello que se expresa en todo lo que es. Inversamente, el mundo no es el conjunto lógico de todos los objetos ni una totalidad metafísica de los seres, sino la fuerza física que atraviesa todo lo que se engendra y se transforma. No hay ninguna separación entre la materia y lo inmaterial, la historia y la física. En un plano más microscópico, la naturaleza es lo que le permite ser al mundo y, a la inversa, todo lo que liga una cosa al mundo forma parte de su naturaleza.

Después de muchos siglos, salvo raras excepciones, la filosofía ya no contempla a la naturaleza: el derecho de ocuparse y de hablar del mundo de las cosas y de los vivientes no humanos corresponde principal y exclusivamente a otras disciplinas. Plantas, animales, fenómenos atmosféricos comunes y extraordinarios, los elementos y sus combinaciones, las constelaciones, los planetas y las estrellas han sido definitivamente expulsados del catálogo imaginario de sus objetos de estudio privilegiados.[19] A partir del siglo XIX, una inmensa parte de la experiencia de cada uno ha sido objeto de una cierta censura: después del idealismo alemán, todo lo que se denomina *ciencias humanas* ha implicado un esfuerzo policial, desesperante y desesperado para hacer desaparecer del dominio de lo cognoscible todo lo que concierne a lo natural.

El "physiocidio"–para utilizar el término forjado por Iain Hamilton Grant[20]– ha tenido consecuencias más nefastas que la simple repartición de los conocimientos entre las diferentes corporaciones de especialistas. En adelante, para cualquiera que se pretenda filósofo resultará completamente natural conocer los más insignificantes acontecimientos del pasado de su nación e ignorar los nombres, la vida o la historia de las especies animales y vegetales de las que se alimenta cotidianamente.[21] No obstante, aparte de este analfabetismo de retorno, el rechazo a reconocer toda dignidad filosófica a la naturaleza y al cosmos produce un extraño bovarysmo: la filosofía busca a cualquier precio ser humana y humanista, estar incluso entre las ciencias humanas y sociales, ser una ciencia –mejor, una ciencia *normal*– como las otras. Mezclándose con falsos presupuestos, veleidades superficiales y un moralismo repugnante, los filósofos se han transformado en adeptos radicales del *credo* protagórico: "El hombre es la medida de todas las cosas".[22] Privada de sus objetos supremos, amenazada por otras formas de saber (poco importa si se trata de ciencias sociales o de ciencias naturales), la filosofía se ha transformado en una suerte de Don Quijote de los conocimientos contemporáneos, comprometida con una lucha imaginaria contra las proyecciones de su espíritu; o en un Narciso replegado sobre los espectros de su pasado, vueltos recuerdos vacíos de museo de provincia. Obligada a ocuparse no del mundo sino de las imágenes más o menos arbitrarias que los hombres han producido en el pasado, se ha transformado en una forma de escepticismo, frecuentemente moralizado y reformista.[23]

Las consecuencias van más lejos. Son principalmente las ciencias llamadas "naturales" las que sufren este destierro. Reduciendo la naturaleza a todo lo que es anterior al espíritu (que así es calificado de *humano*) y que no participa en absoluto de sus propiedades, estas disciplinas son obligadas a transformar la naturaleza en un objeto puramente residual, oposicional, incapaz para siempre de ocupar el lugar de sujeto. Naturaleza no sería más que el espacio vacío e incoherente de todo lo que precede a la emergencia del espíritu y sigue al big bang, la noche sin luz y sin palabra que impediría todo resplandor y toda proyección.

Este impasse es el resultado de un rechazo obstinado: el de lo viviente y del hecho de que todo conocimiento es ya una expresión del ser de la vida. Nunca es de modo inmediato que podemos interrogar y comprender el mundo porque el mundo es el soplo de los vivientes. Todo conocimiento cósmico no es más que un *punto de vida* (y no solamente un *punto de vista*), toda verdad no es más que el mundo en el espacio de mediación de lo viviente. No se podrá jamás conocer el mundo en tanto que tal sin pasar por la mediación de un viviente. Al contrario, reencontrarlo, conocerlo, enunciarlo, significa siempre vivir según una cierta forma, a partir de un cierto estilo. Para conocer el mundo, es necesario elegir en qué grado de la vida, en qué altura y a partir de qué forma se quiere mirarlo y así vivirlo. Necesitamos un mediador, una mirada capaz de ver y vivir el mundo ahí donde nosotros no llegamos. La física contemporánea no escapa a esta evidencia: sus mediadores son las máquinas que erige en posición de sujetos suplementarios y protésicos, para ocultarlos inmediatamente, rechazando reconocerlos como proyección de los ojos de la física, capaces así de observar el mundo desde una sola perspectiva.[24] Los microscopios, los telescopios, los satélites, los aceleradores no son más que ojos inanimados y materiales que permiten observar el mundo, tener una mirada sobre él. Pero las máquinas de las que la física hace uso son mediadores enfermos de presbicia, constantemente en retardo y muy alejadas de las profundidades del cosmos: no ven la vida que las habita, el ojo cósmico que ellas mismas encarnan. Por otra parte, la filosofía siempre ha elegido mediadores miopes, capaces de concentrarse únicamente en la porción de mundo inmediatamente lindante. Preguntarle al hombre lo que significa estar-en-el-mundo –como lo hace Heidegger[25] y toda la filosofía del siglo XX– significa reproducir una imagen extremadamente parcial del cosmos. No es suficiente (como nos ha enseñado Uexhüll[26]) con desplazar la mirada hacia las formas más elementales de la vida animal: la garrapata, el perro doméstico, el águila ya tienen por debajo de ellos una infinidad de otros observadores del mundo. Las plantas son los verdaderos mediadores: son los primeros ojos que se han posado y abierto sobre el mundo, son la mirada que alcanza a percibirlo en todas sus formas. El mundo es ante todo lo que las plantas han sabido hacer de él. Son ellas las que han *hecho* nuestro mundo, incluso si el estatuto de este hacer es diferente al de todas las otras actividades de los vivientes. Es pues en las plantas que este libro va a situar la cuestión de la naturaleza del mundo, su extensión, su consistencia. Asimismo, el intento de refundar una cosmología –la única forma de filosofía que puede ser considerada legítima– deberá comenzar por una exploración de la vida vegetal. Plantearemos que el mundo tiene la consistencia de una atmósfera y que las hojas pueden dar testimonio de esto. Le solicitaremos a las raíces que expliquen la verdadera naturaleza de la Tierra. En fin, es la flor la que nos enseñará lo que es la racionalidad, medida no ya como capacidad o potencia universal, sino como fuerza cósmica.

II

TEORÍA DE LA HOJA
LA ATMÓSFERA DEL MUNDO

Quieta, inmóvil, expuesta a los fenómenos atmosféricos, hasta confundirse con ellos. Suspendida en el aire, sin esfuerzo alguno, sin necesidad de contraer ni un solo músculo. Ser pájaro sin poder volar. La hoja es la primera gran reacción a la conquista de la tierra firme, el resultado principal de la territorialización de las plantas, la expresión de su pasión por la vida aérea.

Todo participa de su existencia, desde la estructura anatómica del tronco hasta la fisiología general de la planta, pasando por su historia, la de todas las elecciones de la evolución a lo largo de los milenios. Todo está presupuesto y teleológicamente contenido en esta superficie verde que se abre al cielo. La llegada al espacio aéreo ha obligado a las plantas a un bricolaje infinito de formas, de estructuras y de soluciones evolutivas. La estructura de tronco es ante todo la invención de un "entrepiso" que permite vencer la fuerza gravitacional sin perder la relación con el suelo y la humedad terrestre. La exposición directa y constante al aire y al sol hace que sea necesaria la construcción de una estructura resistente y permeable.

Sobre las hojas reposa no solamente la vida del individuo al que pertenecen, sino también la vida del reino del que son la expresión más típica, incluso de toda la biósfera. "Todo el mundo de los vivientes, ya sean las plantas o los animales, está sostenido y rígidamente condicionado por la energía que los plastos adquieren del sol para construir los lazos que mantienen unidas a la molécula y la glucosa. La vida sobre la tierra –tanto la autónoma del mundo vegetal como así también la parasitaria del mundo animal– es posible por la existencia y la capacidad operatoria de los plastos clorofílicos"[1] presentes en las hojas. Las hojas han impuesto a la gran mayoría de los vivientes un medio único: la atmósfera.

Tenemos la costumbre de identificar las plantas con las flores, su expresión más fastuosa; o con el tronco de los árboles, su formación más sólida. Pero la planta es, desde siempre y antes que nada, hoja.[2] "Las hojas no son simplemente la parte principal de la planta. Las hojas son la planta: tronco y raíz son parte de la hoja, la base de la hoja, la simple prolongación por la que las hojas, al tiempo que permanecen altas en el aire, se sostienen y se abastecen del alimento del suelo. [...] Toda la planta se reconoce en la hoja, de la que los demás órganos son exactamente sus apéndices. Es la hoja la que produce la planta: son las hojas las que forman la flor, los sépalos, los pétalos, los estambres, los pistilos; y también son las hojas las que forman el fruto".[3] Aprehender el misterio de las plantas significa comprender –desde todo punto de vista y no desde la mera perspectiva genética y evolutiva– las hojas. En ellas se devela el secreto de lo que llamamos: el clima.

El clima no es el conjunto de gases que envuelve el globo terrestre. Es la esencia de la fluidez cósmica, el rostro más profundo de nuestro mundo, aquel que lo revela como la infinita mixtura de todas las cosas, presentes, pasadas y futuras. El clima es el nombre y la estructura metafísica de la mixtura. Para que haya clima, todos los elementos en el interior de un espacio deben, a la vez, estar mezclados y ser reconocibles, unidos no por la sustancia, la forma, la contigüidad, sino por una misma "atmósfera". Si el mundo es *uno*, no es porque no haya más que una sustancia o una morfología universal. A nivel climático, todo lo que es y ha sido constituye *un* mundo. Un clima es el ser de la unidad cósmica. En todo clima la relación entre contenido y continente es constantemente reversible: lo que es lugar deviene

La vida de las plantas. Una metafísica de la mixtura

contenido, lo que es contenido deviene lugar. El medio se hace sujeto y el sujeto se hace medio. Todo clima presupone esta inversión topológica constante, esta oscilación que desdibuja los contornos entre sujeto y medio, que invierte los roles. La mixtura no es simplemente la composición de los elementos sino esa relación de cambio topológico. Es lo que define el estado de fluidez. Un fluido no es un espacio o un cuerpo definido por ausencia de resistencia. No tiene ninguna relación con los estados de agregación de la materia: los sólidos también pueden ser fluidos, sin tener que pasar por el estado gaseoso o líquido. Fluida es la estructura de la circulación universal, el lugar en el que todo tiene contacto con todo, y alcanza a mezclarse sin perder su forma y su propia sustancia.

La hoja es la forma paradigmática de la apertura: la vida capaz de ser atravesada por el mundo sin ser destruida por él. Pero ella es también el laboratorio climático por excelencia, la retorta que fabrica y libera en el espacio el oxígeno, el elemento que hace posible la vida, la presencia y la mezcla de una variedad infinita de sujetos, cuerpos, historias y existencias mundanas. Los pequeños limbos verdes que pueblan el planeta y capturan la energía del sol son el tejido conectivo cósmico que, desde hace millones de años, le permite a las vidas más dispares entrecruzarse y mezclarse sin fundirse recíprocamente una en la otra.

El origen de nuestro mundo no está en un acontecimiento, infinitamente distante en el tiempo y el espacio, a millones de años luz de nosotros; no se encuentra en un espacio del que no tenemos ningún rastro. El origen del mundo es estacional, rítmico, caduca como todo lo que existe. Ni sustancia ni fundamento, no está más en el suelo que en el cielo, sino a mitad de camino entre uno y otro. Nuestro origen no está en nosotros –*in interiore homine*– sino afuera, en pleno aire. No es algo estable ni ancestral, un astro de dimensiones desmesuradas, un dios, un titán. No es único. El origen de nuestro mundo son las hojas: frágiles, vulnerables y, por tanto, capaces de regresar y revivir luego de haber atravesado la mala estación.

Seis ■
Tiktaalik roseae

En 2004, un equipo de paleontólogos norteamericanos descubre, en una roca formada por sedimentos del devónico en la Isla de Ellesmere, restos que datan de 380 a 375 millones de años de una especie de pez óseo de la clase de los sarcopterigios, un animal que tiene la apariencia de un híbrido entre el pez y aligátor. Este animal, cuyo nombre científico es *tiktaalik roseae*,[4] efectivamente reúne las características anatómicas de un pez y de los tetrápodos. Puede ser considerado como una de las pruebas del origen marino de la vida animal en la Tierra. La mayoría, o incluso la totalidad, de los seres vivientes superiores son el resultado de un proceso de adaptación a partir de un medio fluido.

Después de la célebre y controvertida experiencia de Miller-Urey,[5] la idea de que el medio primordial de toda forma de vida sea el mar –o, según la fórmula de uso, un "caldo primigenio"[6]– parece haberse impuesto. Aunque la veracidad biológica y zoológica de esta hipótesis deba aún probarse, es interesante hacerla objeto de una experiencia metafísica. Un breve *Gedankenexperiment* que prolongue lo que, por un instante, no es más que una simple hipótesis biológica en una experiencia de la imaginación filosófica. Lo que resultará quizá esté más próximo a una escritura mitográfica que a un tratado científico de cosmología. Pero el mundo físico no puede ser visto, y por ende comprendido, más que a través de un tal esfuerzo de la imaginación.

Tomemos en serio esta hipótesis, al menos por un instante, a fin de *radicalizarla*: se trata de transformar lo que se presenta como una simple constatación empírica de un vínculo significativo y por lo tanto contingente entre *vida* y *medio fluido* en una relación *cosmológica necesaria*.[7] Supongamos, entonces, que la vida ha surgido de un medio físico fluido (poco importa aquí su contenido, si se trata de moléculas de agua o de amoníaco) no por un simple azar sino porque la vida es un fenómeno posible exclusivamente en los medios fluidos. El pasaje del mar a la tierra firme de los seres vivientes debería entonces ser interpretado no como una transformación radical, ni como una revolución de la naturaleza de la vida y de su relación con el medio que la alberga, sino como un cambio de grado de densidad y de estado de agregación de un mismo medio fluido (la materia) que puede asumir configuraciones diferentes. En este sentido, hacer de la relación entre formas (en plural) de vida y medio fluido una necesidad significa postular dos grandes hipótesis. Una, concerniente a la realidad del mundo y de la materia; la otra, a lo viviente.

Antes que nada, se trata de reconocer que *desde el punto de vista de lo viviente*, e independientemente de su naturaleza objetiva, la materia, que constituye el mundo habitado, a pesar de la diferencia de sus elementos y la discontinuidad física, es ontológicamente *unitaria y homogénea*, y que esta unidad consiste en su naturaleza *fluida*. La fluidez no es un estado de agregación de la materia: es la manera por la cual el mundo se constituye en lo viviente y ante él. Fluida es toda materia que, indistintamente de su estado sólido, líquido o gaseoso, prolonga sus formas en una imagen de sí; ya sea que esté bajo la forma de una percepción o de una continuidad física. Si todo viviente no puede existir más que en el interior de un medio fluido, es porque la vida contribuye a constituir el mundo como tal, siempre inestable, siempre llevado en un movimiento de multiplicación y diferenciación de sí.

Por lo tanto, el pez no es solamente una de las etapas de la evolución de los seres vivientes, *sino el paradigma de todo ser viviente.* Del mismo modo que el mar, que no debe ser considerado únicamente como un medio específico de ciertos vivientes, sino como una metáfora del mundo mismo. El estar-en-el-mundo de todo viviente debería comprenderse pues a partir de la experiencia de mundo del pez. Este estar-en-el-mundo, que es también el nuestro, es siempre un estar-en-el-mar-del-mundo. Es una forma de *inmersión.*

Si la vida es siempre y no puede más que ser inmersión, la mayoría de los conceptos y divisiones que aplicamos para la descripción de la anatomía y la fisiología, así como el ejercicio activo de las potencias corporales que nos permiten vivir, en suma, la fenomenología de la existencia concreta de todo ser viviente, merece ser reescrita. Para todo ser sumergido, la oposición entre movimiento y detención no existe: la detención es uno de los resultados del movimiento y el movimiento es, como para un águila que planea, una consecuencia de la detención.

Todo ser que no puede separar detención y movimiento no puede oponer contemplación y acción. La contemplación presupone la detención: no es más que postulando un mundo fijo, estable, sólido, enfrentado a un sujeto en *detención*, que se puede hablar de *objeto*, y por lo tanto de un pensamiento o de una visión. Al contrario, para un ser sumergido, el mundo —el mundo en inmersión— hablando propiamente no contiene *verdaderos objetos.* Allí, todo es fluido, todo existe en movimiento con, contra o en el sujeto. Se define como elemento o flujo acercándose, alejándose o acompañando al viviente, siendo él mismo flujo o parte de un flujo. Propiamente hablando, es un universo *sin cosas*, un enorme campo de acontecimientos de intensidad variable. Así, si el estar-en-el-mundo es *inmersión*, pensar y actuar, obrar y respirar, moverse, crear, sentir, serían inseparables, puesto que un ser inmerso tiene una relación con el mundo no calcada sobre la que un sujeto mantiene con un objeto sino sobre la de una medusa con el mar que le permite ser lo que ella es. No hay ninguna distinción material entre nosotros y el resto del mundo.

El mundo de la inmersión es una extensión infinita de materia fluida según grados de velocidad y lentitud variables, pero también y sobre todo de resistencia o de permeabilidad. Porque en el movimiento, todo apunta a penetrar el mundo y a ser penetrado por él. Permeabilidad es la palabra clave: en este mundo todo está en todo. El agua de la que el mar está constituido no está solamente frente al pez-sujeto, sino también *en él*, atravesándolo, saliendo. Esta interpenetración de mundo y sujeto da a este espacio una geometría compleja en perpetua mutación.

Este planteo del mundo como inmersión parece ser un modelo cosmológico surreal, y sin embargo hacemos esta experiencia más seguido de lo que imaginamos. En efecto, revivimos la experiencia del pez cada vez que escuchamos música. Si, en lugar de diseñar el mundo que nos rodea a partir de la porción de realidad a la que tenemos acceso, deducimos la estructura del mundo sobre la base de nuestra experiencia musical, deberíamos describir el mundo como algo que se compone no de objetos sino de flujos que nos penetran y que penetramos, olas de intensidad y de movimiento perpetuo.

Imaginad estar hechos de la misma sustancia que el mundo que os rodea. Ser de la misma naturaleza que la música, una serie de vibraciones de aire, como una medusa que no es más que un espesamiento del agua. Tendríais una imagen bien precisa de lo que es la inmersión. Si escuchar música en un espacio exclusivamente definido para esta actividad (como en una discoteca) nos da tanto placer es porque nos permite asir la estructura más profunda del mundo, aquella que a veces los ojos nos impiden percibir. La vida en tanto que inmersión es aquella donde los ojos son los oídos. Sentir es siempre tocar, a la vez, a sí mismo y al universo que nos rodea.

Un mundo donde acción y contemplación ya no se distinguen es también un mundo donde materia y sensibilidad —o, si se quiere, ojo y luz— se amalgaman perfectamente. Cuerpo y órganos de sensibilidad no pueden estar separados. Ya no sentiríamos más con una única parte de nuestro cuerpo sino con la totalidad de nuestro ser. No seríamos más que un inmenso órgano de sentidos que se confunde con el objeto percibido. Una oreja que no es más que el sonido que escucha, un ojo que se baña constantemente en la luz que le da vida.

Si la vida está ligada indisolublemente a los medios fluidos es porque la relación entre viviente y mundo no puede reducirse a la de oposición (o de objetivación) o a la de incorporación (que experimentamos en la alimentación). La relación más originaria entre viviente y mundo es la de la proyección recíproca: un movimiento gracias al cual el viviente delega al mundo lo que debería cumplirse de su propio cuerpo y, a la inversa, donde el mundo confía al viviente la realización de un movimiento que debería serle exterior. Lo que se llama *técnica* es un movimiento de este tipo. Gracias a ella, el espíritu vive fuera del cuerpo del viviente y se hace alma del mundo; a la inversa, un movimiento natural encuentra su origen y su forma última en una idea de lo viviente. Esta proyección recíproca tiene lugar también porque el viviente se identifica con el mundo en el que está inmerso. Todo hogar es el fruto de este movimiento. Nos proyectamos en el espacio más próximo a nosotros, y de esa porción de espacio hacemos algo íntimo, una porción del mundo que tiene una relación particular con nuestro cuerpo, una suerte de extensión mundana y material de nuestro cuerpo. La relación con nuestra casa es justamente la de una inmersión: no estamos frente a ella como frente a un objeto, nosotros allí vivimos como un pez en el agua, como las moléculas orgánicas en su caldo primordial. En efecto, nunca hemos dejado de ser peces. *Tiktaalik roseae* no es más que una de las formas que hemos desarrollado para transformar el universo en un mar donde sumergirnos.

Siete ■
En pleno aire:
ontología de la atmósfera

Nunca la vida ha abandonado el espacio fluido. Cuando, en un tiempo inmemorial, dejó el mar, halló y creó alrededor de ella un fluido de características –consistencia, composición, naturaleza– diferentes. Con la colonización del mundo terrestre,[8] fuera del mundo marino, el mundo seco se ha transformado en un inmenso cuerpo fluido que permite a la gran mayoría de los vivientes vivir en una relación de intercambio recíproco entre sujeto y medio. No somos habitantes de la tierra; habitamos la atmósfera. La tierra firme no es más que el límite extremo de ese fluido cósmico en el seno del cual todo comunica, todo se toca y todo se extiende. Su conquista ha sido, ante todo, la fabricación de ese fluido.[9]

Hace cientos de millones de años, en un lapso de tiempo comprendido entre el fin del cámbrico y el inicio del ordovícico, grupos de organismos salieron del mar y dejaron las primeras huellas de vida animal de las que tenemos testimonio: se trata, con toda probabilidad, de artrópodos homópodos,[10] es decir, seres equipados de patas y de un gran apéndice puntiagudo: el telsón. Su presencia sobre la tierra es aún efímera y experimental: aparecen en el medio aéreo para buscar alimento o para reproducirse.[11] El mundo que se abre ante ellos ha sido formado por otros seres vivientes. El universo que habitamos es el fruto de una catástrofe de polución que llamamos, alternadamente, gran oxidación, holocausto del oxígeno o catástrofe del oxígeno.[12]

Causas geológicas y biológicas parecen estar asociadas y haber cambiado definitivamente el rostro del planeta. El desarrollo de los primeros organismos capaces de fotosíntesis –las cianobacterias– y el flujo de hidrógeno proveniente de la superficie de la tierra han provocado la acumulación de oxígeno, inmediatamente oxidado al principio por los elementos presentes en las aguas marinas o sobre la superficie terrestre (el hierro, por ejemplo, o las rocas calcáreas). Con el desarrollo y la difusión de las plantas vasculares, la atmósfera se estabilizó: la cantidad de oxígeno libre pasó el umbral de oxidación y se acumuló libremente. A su vez, la presencia masiva de oxígeno llevó consigo la extinción de numerosos organismos anaeróbicos que poblaban tierra y mar, en provecho de formas de vida aeróbicas.[13]

La instalación sedentaria y definitiva de los vivientes en tierra firme coincidió con la transformación radical del espacio aéreo que rodea y envuelve la corteza terrestre: lo que, a partir del siglo XVII, llamamos atmósfera cambió de composición interna.[14] Gracias a las plantas, la tierra se convierte definitivamente en el espacio metafísico del soplo. Los primeros en colonizar y hacer habitable la tierra fueron los organismos capaces de fotosíntesis: los primeros vivientes íntegramente terrestres son los más grandes transformadores de la atmósfera. Inversamente, la fotosíntesis es un gran laboratorio atmosférico en el que la energía solar es transformada en *materia viviente*. Desde un cierto punto de vista, las plantas jamás han abandonado el mar: ellas lo han traído ahí donde no existía. Han transformado el universo en un inmenso mar atmosférico y han transmitido a todos los seres sus hábitos marinos. La fotosíntesis no es más que el proceso cósmico de fluidificación del universo, uno de los movimientos a través del cual el fluido del mundo se constituye: lo que hace respirar al mundo y lo mantiene en un estado de tensión dinámica.

Así, las plantas nos hacen comprender que la inmersión no es una simple determinación espacial: estar inmerso no se reduce a encontrarse *en* cualquier cosa que nos rodea y que nos penetra. La inmersión, como lo hemos visto, es desde el inicio

La vida de las plantas. Una metafísica de la mixtura

una *acción* de compenetración recíproca entre sujeto y entorno, cuerpo y espacio, vida y medio; una imposibilidad de distinguirlos físicamente y espacialmente: para que haya inmersión, sujeto y entorno deben *penetrarse activamente uno y otro.* Caso contrario, se hablaría simplemente de yuxtaposición o de contigüidad entre dos cuerpos que se tocan en sus extremidades. El sujeto y el entorno actúan uno sobre otro y se definen a partir de esa acción recíproca. Observada *ex parte subjecti,* esta simultaneidad se traduce por la identidad formal entre pasividad y actividad: penetrar el medio que rodea es ser penetrado por él. Por lo tanto, en todo espacio de inmersión, *hacer* y *padecer,* actuar y sufrir, se confunden según la forma. Lo experimentamos, por ejemplo, cada vez que nadamos.

Sin embargo, el estado de inmersión es sobre todo el lugar metafísico de una identidad más radical, aquella entre el estar y el hacer. No se puede *estar* en un espacio fluido sin modificar por ese mismo hecho la realidad y la forma del entorno que nos rodea. La vida de las plantas constituye la evidencia más asombrosa, en vista de las consecuencias *cosmogónicas* que ellas han tenido en nuestro mundo. La existencia de las plantas es una modificación global del medio cósmico, es decir, del mundo que ellas penetran y por el cual son penetradas. Es ya *existiendo* que las plantas modifican globalmente el mundo, sin incluso moverse, sin comenzar a actuar. Para ellas, estar significa *hacer mundo* y, a la inversa, construir (nuestro) mundo, hacer mundo, no es más que un sinónimo del estar. Las plantas no son los únicos seres vivientes que experimentan esta coincidencia: los organismos lo exhiben de manera más evidente. Así pues, es necesario generalizar esta experiencia adquirida y concluir que *la existencia de todo ser viviente es necesariamente un acto cosmogónico,* y que un mundo siempre es simultáneamente una condición de posibilidad y un producto de la vida que alberga. Todo organismo es la invención de una manera de producir el mundo (*a way of worldmaking,* para retomar de manera indirecta la expresión de Nelson Goodman) y el mundo siempre es espacio de vida, mundo-de-la-vida.

Desde esta perspectiva, podemos medir los límites de las nociones de medio o de entorno que continúan representando la relación entre viviente y mundo exclusivamente bajo el aspecto de la *contigüidad* y de la *yuxtaposición*, y pensarlas ontológicamente y formalmente como autónomas del organismo viviente que los habita. Si todo viviente es un ser en el mundo, todo entorno es un ser-en-los-vivientes. Mundo y viviente no son más que un halo, un eco de la relación que los liga.

Nunca podremos estar materialmente separados de la materia del mundo: todo viviente se construye a partir de esa misma materia que diseña las montañas y las nubes. La inmersión es una coincidencia *material* que comienza bajo nuestra piel. Es por esto que los organismos no tienen necesidad de salir de sí para redibujar el rostro del mundo: no tienen necesidad de intervenir, de alcanzar su "medio", ni de percibirlo: por su simple acto de estar ya forman el cosmos. Estar-en-el-mundo necesariamente significa *hacer mundo: toda actividad* de los vivientes es un acto de *diseño* en la carne viva del mundo. E, inversamente, para construir el mundo, ninguna necesidad de fabricar un objeto diferente de sí (derramando la materia fuera de su piel), ni de percibir, reconocer, divisar directamente y conscientemente una porción del mundo y *querer* convertirla. La inmersión es una relación más profunda que la acción y la conciencia; está por debajo tanto de la praxis como del pensamiento. Un diseño silencioso, mudo, *ontológico*. Es esa "plasmabilidad", la cual no es más que la ausencia de resistencia a la vida, esa *facilidad* de la materia cósmica para metamorfosearse en sujeto viviente, para devenir *cuerpo actual* de algunos organismos (incluso sin llegar al acto de englobamiento representado por la alimentación). En esto, las plantas nos permiten ver la forma más radical del estar-en-el-mundo. Ellas se le adhieren enteramente, sin pasividad. Al contrario, ejercen sobre el mundo, que todos nosotros vivimos por nuestro simple acto de estar, la influencia más intensa y rica en consecuencias, a escala global y no local: ellas convierten el mundo, no solamente su medio o su nicho ecológico. Pensar las plantas significa pensar un estar-en-el-mundo que es *inmediatamente cosmogónico*. La fotosíntesis –uno de los fenómenos cosmogónicos mayores que se confunde con el ser mismo de las plantas– no es ni del orden de la contemplación ni del orden de la acción (como podría serlo la construcción de un dique por un castor). Así, las plantas imponen a la biología, a la ecología, pero también a la filosofía, repensar mediante nuevos esfuerzos las relaciones entre mundo y viviente.

En efecto, no es posible interpretar la relación de las plantas con el mundo desde el modelo, profundamente idealista, concebido por el naturalista alemán Jakob von Uexküll. Siguiendo las enseñanzas de Kant y pretendiendo que a todo animal se le deba reconocer el estatuto de sujeto soberano sobre sus órganos,[15] Uexküll concibe el mundo como "una burbuja de jabón [colmada] de todas las características accesibles al sujeto"[16]: "hemos podido constatar con Kant que no hay un espacio absoluto en el que nuestro sujeto no pudiera ejercer una influencia, esto es, marcas de lugar y marcas de dirección, así como su forma es también un producto subjetivo. Sin las cualidades espaciales y su síntesis en forma universal producida mediante la percepción, no habría espacio sino un cúmulo de cualidades sensoriales como los colores, los sonidos, los olores, etc., que tendrían sus formas específicas y sus leyes pero a los que les faltaría un lugar de encuentro".[17] Esto es porque "todo sujeto mantiene sus relaciones como si fueran telas de arañas con ciertas características de las cosas y las entrelaza para hacer una red que sostenga su existencia".[18] El medio es, pues, "un producto físico (*psychoidales Erzeugnis*) y no puede ser deducido a partir de factores físicos o fisiológicos. Todo medio es sostenido por un marco espacial y temporal que consiste en una serie de caracteres perceptivos y signos de orden".[19]

Este modelo es insuficiente por, al menos, dos razones. Desde el inicio, concibe la relación con el mundo bajo la forma de la cognición y la acción: el acceso al mundo no se daría más que por alguno de esos dos canales, como si el "resto de la vida" de un individuo estuviera cerrado en sí mismo y no también lanzado al mundo, expuesto a él, obligado a alimentarse, a construirse a partir de sus elementos. A continuación, aunque se trata de una consecuencia de esta limitación principal, el modelo de Uexküll prevé que el acceso al mundo sea de naturaleza *orgánica*, es decir, que tenga lugar en un órgano y a través de él (poco importa si se trata de un órgano cognitivo o práctico). Las plantas no solamente no actúan y no perciben –al menos no de manera *orgánica*, es decir, a partir de partes del cuerpo *específicamente* consagradas para ese fin– sino que ellas no se exponen al mundo en el interior de un órgano específico. Es con la totalidad de su cuerpo y de su ser, sin distinción de forma ni de función, que las plantas se abren al mundo y se funden con él.

Tampoco es posible concebir la relación de las plantas con el mundo mediante la teoría de la construcción de nichos. Esta teoría, cuya formulación más detallada está dada por John Odling-Smee, Kevin N. Laland y Marcus W. Feldman,[20] afirma que en lugar de limitarse a padecer la presión del medio, los organismos son capaces de modificar su propio nicho de existencia o la de los otros a través de su metabolismo y su actividad.[21] La idea de una acción de lo viviente sobre el medio ambiente se remonta al último libro de Charles Darwin publicado en vida[22] en el que, a contracorriente de sus tesis sobre la selección natural, demuestra que "los gusanos han jugado un rol en la historia del mundo que es mucho más importante de lo que la mayoría de las personas pueden imaginar. [...] Cada año –escribe Darwin– toneladas de tierra seca pasan a través de su cuerpo y son puestas en superficie"[23]: su acción es pues decisiva para la desagregación de rocas, la erosión del suelo, la conservación de antiguas ruinas[24] y para la preparación del suelo en vista al crecimiento de las plantas.[25] "Apenas provistos de órganos de sentidos", y pues incapaces de aprender del mundo exterior, evidencian una gran experiencia en la construcción de galerías, y sobre todo "claramente dan prueba de un cierto grado de inteligencia en lugar

La vida de las plantas. Una metafísica de la mixtura

del simple impulso intelectual en la manera en la que cierran la apertura de galerías".[26] Las modificaciones que "esas criaturas tan poco organizadas" producen en los estratos superiores del globo no se limitan a influir sobre la vida de otros vivientes (hombres y plantas), sino también sobre el estado de su propio hábitat que es modificado en provecho de futuras generaciones. La teoría de la construcción de nichos retoma las conclusiones darwinianas para subrayar cómo los seres vivientes, incluso los más elementales, no son simplemente víctimas de la selección natural, y cómo la adaptación al medio no es su único destino[27]: también son capaces de modificar el espacio que los rodea y de transmitir el nuevo mundo a las generaciones que siguen. En este sentido, produciendo modificaciones permanentes y transmisibles de generación en generación, los seres vivientes producen la *cultura*,[28] la cual no es una prerrogativa humana sino más bien una suerte de herencia no anatómica sino ecológica,[29] una herencia exosomática.[30] Sin embargo, aunque haya permitido superar los dualismos propios de la teoría clásica de la evolución, la teoría de la construcción de nichos no permite pensar la intimidad propia de la inmersión. El concepto de nicho, en efecto, es el operador de una doble separación. Elaborada para mostrar la realidad del principio de exclusión competitiva (o principio de Gause[31]), es decir, la tendencia de dos poblaciones que comparten el mismo espacio a eliminar al otro para gozar plenamente de los recursos presentes, el concepto parece apuntar a la relación entre mundo y viviente en términos exclusivos: el mundo es, al menos tendencialmente, el espacio de una única especie, el hábitat de una forma de vida específica (como era el caso también en Uexküll). Ahora bien, estar en el mundo significa encontrarse en la imposibilidad de no compartir el espacio ambiental con otras formas de vida, de no estar expuesto a la vida de los otros. Como ya lo hemos visto, el mundo es por definición la vida de los otros: el conjunto de otros vivientes. El misterio que debe ser explicado es el de la inclusión de todos en un mismo mundo y no el de la exclusión de otros vivientes, que es siempre inestable, ilusoria y efímera. Además, a través del concepto de nicho, se limita la esfera de influencia y de existencia mundanal al espacio limítrofe o al conjunto de factores o recursos *inmediatamente* en relación con el sujeto viviente. Reconocer que el mundo es un espacio de inmersión significa, por el contrario, que no hay fronteras estables o reales: el *mundo* es el espacio que no se deja reducir a un hogar, a lo mismo, a la casa propia, a lo inmediato. Estar-en-el-mundo significa ejercer influencias sobre todo fuera de la casa propia, fuera del propio hábitat, afuera del propio nicho. Es siempre la totalidad del mundo que habitamos lo que es y siempre será infestado por los otros.

En conclusión, la influencia[32] de todo viviente sobre su medio no puede medirse simplemente por los efectos que su existencia produce al exterior de sí: la misma existencia –en la medida en que es una formación inédita de la materia anónima del mundo– es la mayor influencia del viviente sobre el medio. Si el medio no comienza más allá de la piel del viviente es porque el mundo ya está en su interior. En ese sentido, la acción del viviente sobre el mundo no puede ser considerada como una forma de ingeniería de ecosistema.[33]

"Los vegetales –escribió Charles Nonnet– están plantados en el aire así como en la tierra"[34]: la atmósfera, más que el suelo, es su primer medio, su mundo. La fotosíntesis es, pues, la expresión más radical de su estar-en-el-mundo. Antes de ser reconocida como el mecanismo principal de producción de energía vital, la fotosíntesis ha sido comprendida como un dispositivo *natural de air-conditioning*. "Puedo enorgullecerme –escribió Joseph Priestley en 1772– de haber inventado accidentalmente un método para la restauración del aire contaminado por la combustión de una vela y de haber descubierto que al menos uno de los dispositivos reconstituyentes que la Naturaleza emplea para este fin es la vegetación".[35]

Teólogo unitario, célebre por sus investigaciones sobre la electricidad, Priestley puso una planta de menta bajo una campana de vidrio que contenía el aire producido por la combustión de una vela. Nota que, veintisiete días más tarde, otra vela era perfectamente capaz de arder en el interior.[36] Según Priestley, esto se explica por el hecho de que las plantas se embeben de los gases producidos por la respiración y la putrefacción animal (en el lenguaje de la época: la materia flogística). Ellas los absorben y los incorporan a su propia sustancia.[37] Este descubrimiento lo conduce a la formulación del principio de complementariedad entre mundo vegetal y mundo animal: "En lugar de afectar el aire de la misma manera que la respiración animal, las plantas invierten los efectos del soplo y tienden a mantener la atmósfera templada y sana aunque ellas tiendan a volverse tóxicas a causa de la vida, de la respiración o de la muerte y putrefacción de los animales que allí viven".[38] El estar-en-el-mundo de las plantas reside en su capacidad para (re)crear la atmósfera. Desde un cierto punto de vista, el viviente mismo –cualquiera sea el orden y el reino al que pertenezca– es considerado en función del tipo de atmósfera que produce, como si estar-en-el-mundo significara sobre todo "hacer atmósfera" y no a la inversa.

Años más tarde, un médico holandés, Jan Ingenhousz, continuando la intuición de Priestley, descubrió que la capacidad de las plantas para "purificar el mal aire y mejorar el buen aire"[39] se debía exclusivamente a las hojas. "Uno de los grandes laboratorios de la naturaleza para limpiar y purificar el aire de nuestra atmósfera –escribe– está situado en la sustancia de las hojas y puesta en acción por la influencia del sol; y el aire así purificado, pero en ese estado nocivo para la planta, es lanzado en gran parte por los canales excretorios, principalmente ubicados, al menos en la mayoría de las plantas, en el lado inferior de la hoja".[40]

Ingenhousz descubrió verdaderamente la fotosíntesis (y no solamente sus efectos) cuando entiende que ese trabajo de purificación y de *air-conditioning* estaba íntimamente ligado a la presencia de la luz solar. "Las plantas producen aire deflogistizado solamente bajo la luz del día o del crepúsculo, y comienzan su operación luego de haber sido preparadas de una cierta manera por la influencia de esta misma luz".[41] Sumergiendo las plantas en un recipiente lleno de agua, Ingenhousz constata que el aire "preparado en las hojas por la influencia de la luz del sol aparece muy pronto en la superficie de las hojas, en diferentes formas, más generalmente bajo la forma de burbujas redondas que, aumentándose de dimensiones gradualmente y separándose de las hojas, se elevan y se posan en el fondo opuesto del recipiente; son seguidas por nuevas esferas hasta que las hojas que no han podido procurarse nuevo aire atmosférico se extenúan".[42] El hecho de encontrarse bajo el agua no tiene nada de contranatural: "Se podría objetar que las hojas de las plantas nunca están en estado natural cuando se hallan envueltas por el agua corriente, y que de esta manera podrían haber elementos de incertidumbre si la misma operación de las hojas pudiera haber tenido lugar en su situación natural. Pero no puedo considerar que las plantas ubicadas bajo el agua estén en una situación contraria a su naturaleza al punto de interrumpir su operación habitual. El agua no es nociva para las plantas si ellas no están en contacto por mucho tiempo. El agua se limita a cortar la comunicación con el aire exterior".[43]

Las experiencias y descubrimientos de Priestley e Ingenhousz (seguidas por los de Jean Senebier,[44] Nicolas Théodore de Saussure,[45] Julius Robert Mayer[46] y Robin Hill,[47] por solo mencionar los más grandes científicos en el origen del descubrimiento de la verdadera naturaleza del proceso de la fotosíntesis) fueron importantes no solamente porque ellas permitieron dar un enorme paso en la comprensión de la fisiología vegetal, sino porque también impusieron un cambio radical de la mirada que tenemos de la atmósfera. El aire que respiramos no es una realidad puramente geológica o mineral –no está simplemente ahí, no es un efecto de la tierra en tanto que tal–, más bien es el soplo de otros vivientes. Es un subproducto de "la vida de otros". En el soplo –el primero, el más banal e inconsciente acto de vida para una inmensa cantidad de organismos– dependemos de la vida de otros. Pero sobre todo, la vida de otros y sus manifestaciones son la realidad misma, el cuerpo y la materia de lo que llamamos mundo o medio. El soplo es ya una primera forma de canibalismo: nos alimentamos cotidianamente de la excreción gaseosa de los vegetales, no podemos sino vivir de la vida de otros. Inversamente, desde el inicio, todo viviente es lo que hace posible la vida de otros, produciendo vida transmisible capaz de circular por todos lados, de ser respirada por otros. El viviente no se contenta con dar vida a la porción restringida de materia que nosotros llamamos su cuerpo, sino también y sobre todo al espacio que lo rodea. Ahí está la inmersión, el hecho de que la vida siempre sea entorno de sí misma y, por esta causa, circule de cuerpo en cuerpo, de sujeto en sujeto, de lugar en lugar.

Por otra parte, la fotosíntesis demuestra que, si se la observa a escala global, la relación fundamental entre vida y mundo es mucho más compleja de lo que nos imaginamos mediante el concepto de adaptación. "La adaptación es una noción dudosa, porque el medio al que los organismos se adaptan está determinado por las actividades de sus vecinos antes que exclusivamente por las fuerzas ciegas de la química y de la física. [...] El aire que respiramos, los océanos y las rocas son productos directos de organismos vivientes o han sido masivamente modificados por su presencia".[48] En lugar de revelarse como el espacio de la competición y la exclusión recíproca, el mundo se abre en ellos como el espacio metafísico de la forma más radical de mixtura, aquella que permite la coexistencia de lo incomposible, un laboratorio alquímico en el que todo parece poder cambiar de naturaleza, pasar de lo orgánico a lo inorgánico. La inmersión hace posible la simbiosis y la simbiogénesis: si los organismos alcanzan a definir su identidad gracias a la vida de otros vivientes es porque todo viviente, de entrada, ya vive en la vida de otros.[49]

Las plantas son el caldo primigenio de la tierra que permite a la materia devenir vida y a la vida volver a transformarse en "materia bruta". Denominamos atmósfera a esa mixtura radical que hace coexistir todo en un mismo lugar sin sacrificar formas ni sustancias.

Más que una parte del mundo, la atmósfera es un lugar metafísico en el que todo depende de todo el resto, la quintaesencia del mundo comprendido como espacio donde la vida de cada uno está mezclada con la vida de otros. El espacio en el que vivimos no es un simple continente al que deberíamos adaptarnos. Su forma y su existencia son inseparables de las formas de vida que alberga y que hace posibles. El aire que respiramos, la naturaleza del suelo, las líneas de la superficie de la tierra, las formas que se dibujan en el cielo,[50] el color de todo lo que nos rodea son efectos inmediatos de la vida, en el mismo sentido y con la misma intensidad que son sus principios. El mundo no es una entidad autónoma e independiente de la vida, es la naturaleza fluida de todo medio: clima, atmósfera.

Ella nos envuelve y nos penetra pero apenas somos conscientes de esto. No es un espacio: es un cuerpo sutil, transparente, apenas perceptible al tacto o a la vista. Pero es por ese fluido que todo lo envuelve, todo lo penetra y que es penetrado por todo, que tenemos los colores, las formas, los olores, los sabores del mundo. En ese mismo fluido, podemos reencontrar las cosas y dejarnos tocar por todo lo que existe y no existe. Es ese fluido el que nos hace pensar, es ese fluido el que nos hace vivir y amar. La atmósfera es nuestro primer mundo, el medio en el que estamos integralmente inmersos: la esfera del soplo. Ella es el médium absoluto en el que y a través del que el mundo se da; el que y a través del que nosotros nos damos al mundo. Más que el continente absoluto, es el movimiento de todo, la materia, el espacio y la fuerza de la infinita y universal compenetración de las cosas. La atmósfera no es solamente la parte del mundo distinta y separada de los otros, sino el principio a través del cual el mundo se hace habitable, se abre a nuestro soplo, se vuelve él mismo el soplo de las cosas. Siempre se está de manera atmosférica en el mundo porque el mundo existe como atmósfera.

El término atmósfera es moderno. Es un neologismo inventado en el siglo XVII para darle un aspecto moderno a la expresión holandesa *dampcloot*, traducción del latín *vaporum sphaera*, la región vaporosa.[51] Pero antes de ser la región aérea inmediatamente superior a la corteza terrestre, cálida por el reflejo de la luz solar y húmeda a causa de los vapores que se exhalan de la tierra, también la atmósfera durante siglos ha sido el espacio de circulación de los elementos y las formas, el espacio metafísico de su conjunción, la unidad de todas las cosas, estimada según la coincidencia del soplo y no por la sustancia y la forma.

Los estoicos fueron los primeros en pensar la unidad del mundo en términos atmosféricos. Interrogándose por las diferentes formas que puede revestir la unidad y por la forma de unidad propia del mundo en su totalidad, el estoicismo ha desarrollado su concepto de mixtura total. En efecto, se pueden imaginar tres formas de unión producidas por la interacción de diferentes sustancias u objetos: la simple yuxtaposición (*parathesis*), donde las distintas cosas componen una sola masa conservando los límites de sus cuerpos sin compartir nada, como es el caso de un puñado de granos; la fusión (*sugchysis*), donde la cualidad de cada uno de los componentes es destruida para producir un nuevo objeto, que tiene una naturaleza y una cualidad diferentes de las de los elementos originarios, como es el caso de los perfumes; y finalmente, la mixtura total (*krasis, di'holôn antiparektasis*), donde un cuerpo ocupa el lugar del otro, preservando su cualidad y su individualidad.[52] Ahora bien, lo que llamamos mundo no puede ser pensado como un simple cúmulo de objetos sin otra relación que un contacto de superficie, ni como la fusión integral de cuerpos que da lugar a un súper-objeto[53] distinto por esencia y cualidad de los componentes originarios. "Ciertas mixturas –escribe Alejandro de Afrodisia, sintetizando la doctrina de Crisipo– se producen por yuxtaposición cuando dos o incluso más sustancias son adicionadas y yuxtapuestas una a otras como él dice, 'por empalme', cada una conservando en su contorno, durante tal yuxtaposición, la sustancia y la cualidad que le son propias como en el caso de las habas o en los granos de trigo cuando son yuxtapuestos unos a otros; otras mixturas se producen por fusión, cuando de parte a parte las sustancias mismas así como las cualidades que están en ellas son recíprocamente codestruidas, como se produce, dice, en el caso de las drogas medicinales por codestrucción de los ingredientes mezclados, engendrándose un cuerpo diferente a partir de ellos; y hay aun otras mixturas, dice, que se producen cuando de parte a parte ciertas sustancias y sus cualidades coextienden unas en otras, siempre preservando en esa mixtura las sustancias y las cualidades del inicio, y es ésta entre las mezclas la que él designa como la mixión propiamente dicha".[54]

Pensar la atmósfera como espacio de mixtura significa superar la idea de composición y de fusión. Entre los elementos del mundo hay una complicidad y una intimidad mucho más profunda que las producidas por la contigüidad física; además, este apego no se identifica con una amalgama ni con una reducción de la variedad de sustancias, de colores, de formas o de espacios en una unidad monolítica. Si las cosas forman un mundo, es porque ellas se mezclan sin perder su identidad.

Por su parte, la unidad de la mixtura no tiene nada de mecánico: "Una sustancia está unificada porque ella es enteramente atravesada por un cierto soplo por el cual el todo se mantiene junto, permanece junto y puede estar en simpatía con sí mismo". Mezclarse sin fundirse significa compartir el mismo soplo. Es necesario prestar atención a la unidad de un cuerpo viviente: los órganos no están simplemente yuxtapuestos, ni son materialmente diluidos unos en otros. Si ellos constituyen un *cuerpo* es porque comparten el mismo *soplo*. Lo mismo para el cosmos: estar en el mundo significa compartir no una identidad sino un mismo *soplo* (*pneuma*). "Hay un soplo que mueve a sí mismo hacia sí mismo y de sí mismo"[55]: tal es la dinámica del mundo, su ritmo inmanente. El soplo es el arte de la mixtura, lo que le permite a todo objeto mezclarse con el resto de las cosas, sumergirse. La *atmósfera*, la esfera del soplo, su horizonte extremo, es esta forma de intimidad y de unidad que se define no por homogeneidad de la sustancia o de la forma, sino por el compartir el mismo soplo, un *aire* de familia a propósito de una colección de elementos que no es una simple combinación de objetos diferentes. La atmósfera, el clima, es esta unidad que no necesita reducirse a la unidad de cualidades y formas.

Lo que dispensa unidad también dispensa forma, visibilidad, consistencia. Es ese mismo aire de familia el que nos permite reconocer la real intensidad de una colección, y es la atmósfera que nos vuelve visible un lugar en su totalidad, más allá de los objetos que la ocupan. El soplo no es solamente aire en movimiento: es destello, descubrimiento, medio y revelación. Si el mundo está unificado por un soplo común y universal es porque el soplo es la esencia originaria de lo que los griegos llamaban *logos*, lenguaje o razón. Es el *logos* el que produce la mixtura y es lo que permite a todo mezclarse en la extensión con otra cosa sin perder su propia identidad. Si el soplo da unidad al mundo es porque él constituye también la raíz última de su visibilidad y de su racionalidad: el soplo es el verdadero *logos* del mundo, su lenguaje, su palabra, el órgano de su revelación.

El mundo es la materia, la forma, el espacio y la realidad del soplo. Las plantas son el *soplo de todos los seres vivientes, el mundo en tanto que soplo.* Inversamente, todo soplo es la evidencia del hecho de que estar-en-el-mundo es una experiencia de inmersión. Respirar significa estar sumergido en un medio que nos penetra del mismo modo y con la misma intensidad con la que nosotros lo penetramos. Todo ser es un ser mundano si está sumergido en lo se sumerge en él. La planta es así el paradigma de la inmersión.

Está en el fondo de todas nuestras experiencias. No es una sustancia: no contiene en sí la naturaleza de las cosas. No es tampoco un eco tardío que se añade una vez cumplida la experiencia. Es un movimiento rítmico, regular e infatigable, una oleada sin ruido que va hasta el extremo del horizonte y vuelve hacia nosotros para romperse sobre nuestros cuerpos y explotar en nuestros pulmones.

Sin él, nada sería posible en nuestra vida. Todo lo que nos sucede debe mezclarse con él, tener lugar en su recinto. El soplo es la primera actividad de todo viviente superior, la única que puede pretender confundirse con el ser. Es el único trabajo que no nos fatiga, el único movimiento que no tiene otro fin que sí mismo. Nuestra vida comienza con un (primer) soplo y se terminará con un (último) soplo. Vivir es: respirar y abrazar en el propio soplo toda la materia del mundo.

No solo es el movimiento más elemental de nuestro cuerpo humano, es también el primer y más simple de los actos del viviente. Su paradigma, su forma trascendental. El soplo es simplemente el primer nombre del estar-en-el-mundo. La intelección es soplo: la idea, el concepto y lo que a partir de la escolástica llamamos la especie intencional no son más que partículas del mundo en el espíritu antes de que la palabra, el diseño o la acción restituyan esas intensidades al cosmos. La visión es respiración: recibir la luz, los colores del mundo, tener la fuerza para dejarse traspasar por su belleza, para elegir una porción, y solo una porción, para crear una forma, para iniciar una vida a partir de lo que hemos arrancado al continuum del mundo.

Todo en el viviente no es más que articulación del soplo: de la percepción a la digestión, del pensamiento al gozo, del habla a la locomoción. Todo es repetición, intensificación, variación de lo que tiene lugar en el soplo. Es por esto que los saberes más diversos, de la medicina a la teología, de la cosmología a la filosofía, lo han hecho el nombre propio de la vida, en sus formas más diferentes, en las lenguas más diversas (*spiritus, pneuma, Geist*). Para reconocerle el estatuto, se ha hecho de él una sustancia separada de las otras, por su forma, materia y ser, el espíritu. Pero el primer y más paradojal atributo del soplo es su insustancialidad: no es un objeto distanciado desprendido de otros sino la vibración por la cual toda cosa se abre a la vida y se mezcla con el resto de los objetos, la oscilación que por un instante anima la materia del mundo.

Es una vibración que afecta simultáneamente al viviente y al mundo que lo rodea. En el soplo, en el tiempo de un instante, el animal y el cosmos se reúnen y sellan una unidad diferente a la que marca al ser o la forma. Sin embargo, es con y en ese mismo movimiento que viviente y mundo consagran su separación. Lo que llamamos vida no es más que ese gesto a través del cual una porción de la materia se distingue del mundo con la misma fuerza que utiliza para confundirse. Respirar es hacer mundo, es fundirse en él, es diseñar de nuevo nuestra forma en un ejercicio perpetuo. Respirar es conocer el mundo, penetrarlo y hacerse penetrar por él y su espíritu. Atravesarlo y devenir por un instante, con ese mismo impulso, el lugar donde el mundo se hace experiencia individual. Esta operación nunca es definitiva: el mundo, tanto como el viviente, es el retorno del soplo y de su posibilidad. Espíritu.

El soplo no se limita a la actividad del viviente: define también y sobre todo la consistencia del mundo. El espacio que marca coincide con los límites del mundo del que podemos hacer la experiencia. Llegamos hasta donde llega nuestro soplo. Inversamente, un mundo sin soplo no sería más que un cúmulo confuso de objetos en descomposición. Si es gracias a él que estamos en el mundo es porque lo conocemos y lo manejamos. Y es al soplo que debemos interrogar por la naturaleza del mundo: es en él que el mundo se revela, es en él que existe para nosotros.

De las formas infinitas del soplo extraen su unidad los seres innumerables que pueblan el cosmos, las cosas más diversas, las más incomparables, los instantes y los espacios más alejados, las realidades más incompatibles. Se fundan en un mundo. En tanto que unidad superior de todo lo que es diferente, unidad suprema e infranqueable de lo que es y de lo que no es, no existe más que en y en tanto que soplo.

El espacio metafísico del soplo es anterior a toda contradicción: la respiración precede toda distinción entre alma y cuerpo, entre espíritu y objeto, entre idealidad y realidad. No basta con proclamar la facticidad del sentido y su primado sobre la existencia. Sentido y existencia siempre viven como y en el soplo: no son más que vibraciones específicas. El mundo es soplo y todo lo que en él existe, existe como tal. La existencia no es un hecho del orden lógico: es una cuestión pneumatológica. Solo el soplo puede tocar y sentir el mundo, darle existencia. No podemos más que respirar el mundo.

Los pensadores antiguos no son los únicos en haber hecho del soplo la unidad trascendental del mundo y la prueba de que es, en tanto que tal, una realidad viviente. En un fragmento inédito, Isaac Newton escribía: "Esta Tierra se parece a un gran animal o más bien a una planta inanimada que toma su soplo etéreo para renovación y fermento vital, y que expira con grandes exhalaciones".[56]

Pero será necesario atender al debate más reciente en torno a la hipótesis de Gaia para reconocer en la atmósfera la unidad viviente del mundo, la prueba de que el planeta está determinado por la vida. Una de las primeras formulaciones, la del artículo que Lovelock y Margulir publicaron en 1974 en la revista *Icarus*, afirma que la existencia misma de la atmósfera es la evidencia de una "homeostasis a escala planetaria"[57] del hecho de que "la vida ha determinado el flujo de energía y de masa sobre la superficie planetaria".[58] La atmósfera es el soplo vital que anima la Tierra en su totalidad.

La idea es sumamente antigua. Sin dudas, Lamarck fue el primero en definir el espacio atmosférico y climático como el lugar dinámico de interconexión entre materia y vida, entre mundo y subjetividad. El tratado consagrado a la ciencia de este espacio liminal, que se llama *hidrogeología*, se abre con esta pregunta: "¿Cuál es la influencia de los cuerpos vivientes sobre las materias que se encuentran en la superficie del globo terrestre y que componen la corteza de la cual es revestido, y cuáles son los resultados generales de esta influencia?".[59] La posibilidad de pensar la capa de materia más superficial de la corteza terrestre y el conjunto de materias gaseosas y líquidas que están suspendidas sobre el planeta como un inmenso fluido de circulación del ser está motivado por el descubrimiento de que "las materias compuestas minerales de todos los géneros y de todas las especies que componen la corteza externa del globo terrestre, que se ven mediante cúmulos aislados, vetas, capas paralelas, etc., y que forman planicies, colinas, valles y montañas, son exclusivamente el producto de animales y vegetales que han vivido sobre esas partes de la superficie del globo".[60] Según Lamarck, esta unidad es engendrada por el estado de agregación, y las formas de toda la materia superficial tienen por causa directa o indirecta de su existencia las facultades orgánicas de los vivientes. Como ya lo dejó escrito en sus *Memorias*, "todos los compuestos que se observan sobre nuestro globo, directa o indirectamente, son debido a las facultades orgánicas de seres dotados de vida. En efecto, esos seres, forman todos los materiales, teniendo la facultad de componer ellos mismos su propia sustancia, y para componerla, una parte de ellos (los vegetales) tienen la facultad de formar combinaciones antes de que las asimilen a su sustancia".[61] No se trata solamente de la influencia sobre la composición química. La presencia de los vivientes no se limita a determinar la agregación de la materia, sino que define también el estatus. El mundo no existe más que ahí donde hay viviente. Mientras que la presencia de la vida transforma la naturaleza del espacio.

Se trata de un movimiento que opera en oposición al descrito por Lamarck en su *Philosophie zoologique:* no regresa a los vivientes para adaptarse a las circunstancias ambientales, las *circumfusa* de la medicina neohipocrática,[62] sino al entorno en su totalidad para devenir eco, halo, aureola de la masa de los vivientes. Su atmósfera.

Lo contrario es también verdadero: si estamos atmosféricamente conectados a lo que nos rodea, es porque la atmósfera constantemente engendra lo viviente. Es a esta conclusión a la que arriba uno de los primeros análisis de las relaciones químicas entre los vivientes y el entorno, el *Essai de statique chimique* de Dumas y Boussingault publicado en 1844. Los autores parten de la constatación de que las plantas funcionan "en todo punto de una manera diversa a la de los animales": "si el reino animal constituye una inmensa máquina de combustión, por su parte el reino vegetal constituye una inmensa máquina de reducción". Su perfecta integración no es el simple efecto supranumerario de una armonía preestablecida, ni el resultado del gobierno divino que se manifiesta en la economía natural, sino la consecuencia del hecho de que la vida de las plantas y de los animales depende enteramente de la atmósfera: "Lo que unos dan al aire, los otros lo retoman del aire, de manera que al considerar estos hechos desde el punto de vista más elevado de la física del globo, sería necesario decir que en lo que concierne a sus elementos verdaderamente orgánicos, las plantas, los animales derivan del aire, no son más que *aire condensado.* [...] Las plantas y los animales vienen del aire y a él retornan; son auténticas dependencias de la atmósfera. Sin cesar, las plantas le extraen al aire lo que los animales le proporcionan".[63] No habitamos la tierra, habitamos el aire a través de la atmósfera. Estamos inmersos en él exactamente como el pez está inmerso en el mar. Y lo que llamamos respiración no es más que la agricultura de la atmósfera.

Intentar hacer coincidir los dos movimientos –el que va desde los vivientes al entorno y el que va del entorno al viviente– significa pensar la atmósfera como un sistema o un espacio de circulación de vida, de materia y de energía. Este es el enfoque radical del naturalista Vladirmir Vernadski. Él reconoce que "la atmósfera no es una región independiente de la vida",[64] sino más bien una expresión de la vida. En efecto, las plantas verdes han creado un nuevo médium transparente para la vida, la atmósfera[65]: "La vida crea el oxígeno libre sobre la corteza terrestre, pero también el ozono que protege la biósfera de la nociva radiación de longitud de onda corta proveniente de los cuerpos celestes".[66] Inversamente, la vida se constituye a partir de la atmósfera: "La materia viviente construye los cuerpos de los organismos a partir de los gases atmosféricos como el oxígeno, el dióxido de carbono y el agua conjuntamente con compuestos de nitrógeno y de azufre, convirtiéndose esos gases en los líquidos y sólidos que recogen la energía cósmica del sol".[67] Vernadski denomina biósfera a "la capa exterior de la Tierra", considerada no solamente como una región material, sino sobre todo como "una región de energía y una fuente de transformación del planeta. Las fuerzas cósmicas forman el rostro de la Tierra, y como resultado, la biósfera difiere históricamente de las otras partes del planeta".[68]

La fuente principal de esta región es la que Verbadski denomina materia viviente: el conjunto de organismos y de cuerpos vivientes responsables de la creación de nuevos compuestos[69] y capaces de "alterar potente y continuamente la inercia química en la superficie del planeta". Es la materia viviente la que "crea los colores y las formas de la naturaleza, las asociaciones de animales y de plantas, como el trabajo creativo de la humanidad civilizada, y en esto ella deviene una parte de los procesos químicos de la superficie terrestre. No hay equilibrio sustancial químico sobre la corteza en el que la influencia de la vida no sea evidente y en el que la química no muestre el trabajo de la vida.

La vida de las plantas. Una metafísica de la mixtura

La vida, en este sentido, no es un fenómeno exterior o accidental de la superficie terrestre. Está directamente ligada a la estructura de la corteza, forma una parte de su mecanismo y cumple funciones de primordial importancia para la existencia de ese mecanismo. Sin la vida, el mecanismo de la superficie terrestre no existiría".[70] En esta masa viviente, las plantas juegan un rol principal: "Toda la materia viviente puede ser mirada como una sola entidad en el mecanismo de la biósfera, pero solamente una parte de la vida, la vegetación verde, los portadores de clorofila, hace uso directo de la radiación solar [...] El mundo viviente en su totalidad está ligado a esta parte verde de la vida por un lazo directo e indisoluble".

La atmósfera no es algo que se le añadiría al mundo: es el mundo en tanto que realidad de la mixtura en el interior de lo que todo respira. Si las ciencias naturales tienen dificultad para pensar la inmersión y la mixtura como la verdadera naturaleza del cosmos, las ciencias humanas se obstinan en comprenderla, al igual que al clima, por una parte como un hecho *puramente natural y excluido, pues, de su dominio,* por otra parte como una realidad puramente humana o un hecho exclusivamente estético que no tiene ninguna relación con todo lo que releva del mundo de lo no-humano. Así, a partir del célebre escrito de Hipócrates, *Airs, eaux, lieux,*[71] se ha desarrollado una vasta tradición que va de Aristóteles a Montesquieu,[72] de Vitruve a Herder,[73] y que enriquecerá la geografía política de Ratzel o la geografía metafísica de Watsuji Tetsurô.[74] En la extrema diversidad de las perspectivas, de las doctrinas y de los contextos históricos, esta tradición se concentra en dos ideas. En primer lugar, se trata de reconocer, como escribirá el abad Dubos, que "la máquina humana no es menos dependiente de las cualidades del aire de un país, de las variaciones que acontecen de esas cualidades, en una palabra, de todos los cambios que pueden empeorar o favorecer lo que llamamos las operaciones de la naturaleza, tanto como lo son los mismos frutos".[75] El clima es aquí sinónimo de no-humano. La esfera humana –la cultura, la historia, la vida del espíritu– no es autónoma, tiene un fundamento en lo no-humano; los elementos aparentemente no espirituales –el aire, el agua, la luz, los vientos– no engendran el espíritu pero pueden influir en el hombre, sus comportamientos, sus actitudes y sus ideas. Los climas engendran y fundan la pluralidad de los hombres en su aspecto físico y, aun más, en sus hábitos. Como escribe Edme Guyot, "la naturaleza de la tierra, la cualidad de sus frutos y la diferencia de los climas han contribuido a la variedad de los colores y a la diversidad de las figuras y los temperamentos de todos los hombres".[76] Lo no-humano es la causa de la multiplicidad de formas de vida, no solamente en el espacio sino también en el tiempo y la historia.

Radicalizado la perspectiva herderiana, que hace de la historia, como lo dirá Kant, una suerte de "climatología de las facultades intelectuales y sensibles de la humanidad", la sociología de Simmel hará del concepto de atmósfera el médium absoluto de la percepción social: percibir "la atmósfera de alguien es la percepción más íntima de su persona".[77] La idea de la atmósfera como dinamismo originario de toda sociabilidad tendrá gran suceso. Por ejemplo, Peter Sloterdijk concibe la atmósfera a la vez como el producto originario de la coexistencia humana y como el paradigma de toda vida cultural en tanto que tal. "La climatización simbólica del espacio común es la producción originaria de toda sociedad. Los hombres –escribe Sloterdijk– son las creaturas vivientes que tienen por meta [...] depender de ambientes compartidos y de presupuestos comunes".[78] Este medio compartido es lo que Sloterdijk nombra esfera, la figura geométrica de la interioridad absoluta. "El ser en las esferas constituye para el hombre la situación fundamental [hasta el punto que] los hombres jamás han vivido en relación inmediata con la llamada naturaleza y, sobre todo, sus culturas jamás han pisado el suelo de lo que se llama los hechos mismos: siempre y exclusivamente han pasado su existencia en un espacio insuflado, compartido, abierto y restaurado".[79] Los hombres "solo prosperan en el invernadero de su atmósfera autógena". Vivir en sociedad significa participar en la construcción de estas atmósferas. Al contrario, la atmósfera es siempre un hecho cultural. Más aun, ella encarna la imposibilidad de un estado de naturaleza: climatización, para Sloterdijk, significa la imposibilidad de un acceso al mundo natural. Las plantas demuestran, al contrario, que la climatización, el *air-designing*, es el más simple acto de existencia del viviente, su naturaleza más elemental.

El reduccionismo cultural es propio de una larga tradición que hace de la atmósfera "el concepto fundamental de una nueva estética". Atmósfera sería "la realidad común entre el que percibe y lo que es percibido, la realidad de lo percibido en tanto que esfera de su presencia y la realidad del que percibe en tanto que él está presente de alguna manera".[80] Esta interpretación, que se remonta a León Daudet, hace de la atmósfera "el conocimiento de la piel, tangencial como el conocimiento del espíritu, y que utiliza las células del epitelio de la misma manera que el conocimiento del espíritu utiliza las raíces de los vocablos".[81] Esta facultad de conocimiento sintético "desarrolla el espacio y el tiempo, emana a la vez del universo y de nosotros; y ella está en nosotros, conciencias, personas y pueblos, como una incorporación de lo universal, como algo que une luego de haber especificado, que no es ni cuantitativo ni cualitativo y que participa de los dos a la vez, y que tiene, en la vida, una vida propia, disimulada, no obstante revelable, análoga a la radio, o las ondas, en el seno criptoide de la naturaleza inanimada".[82] Esta emanación, "a la vez moral y orgánica, unida al conjunto del ser en su aspecto moral, y a sus tejidos epiteliales y endoteliales bajo su aspecto orgánico",[83] se funda sobre un acuerdo cósmico. "Toda la superficie cutánea nos hace participantes del equilibrio universal, adaptados del afuera al adentro (*adaequatiorei et sensus*)".[84]

Dicha reducción psicológica y gnoseológica de la atmósfera parece olvidar que ésta es fundamentalmente un hecho *ontológico* que concierne al estatuto y al modo de ser de las cosas y no a la manera en la que ellas son percibidas. Si todo acto de conocimiento es en sí mismo un hecho atmosférico, puesto que es un acto de mixtura de un sujeto con un objeto, la extensión del dominio atmosférico va mucho más allá de todo acto de conocimiento.

Si vivir es respirar es porque nuestra relación con el mundo no es la del estar-arrojado o del ser-en-el-mundo, ni la del dominio de un sujeto sobre un objeto al que enfrenta: estar-en-el-mundo significa hacer la experiencia de una inmersión trascendental. La inmersión –de la que el soplo es la dinámica original– se define como una inherencia o una imbricación recíproca. Está en una cosa con la misma intensidad y la misma fuerza con la que está en nosotros. Es la reciprocidad de la inherencia que hace del soplo una condición sin salida: imposible liberarse del medio en el que se está inmerso, imposible purificar ese mismo medio de nuestra presencia.

Inspirar es hacer venir al mundo en nosotros –el mundo está en nosotros– y expirar es proyectarse en el mundo que estamos. Estar-en-el-mundo no es encontrarse simplemente siendo *en* un horizonte último, conteniendo todo lo que podemos y podríamos percibir, vivir o soñar. Desde que comenzamos a vivir, pensar, percibir, soñar, respirar, el mundo en sus detalles infinitos está en nosotros, penetra materialmente y espiritualmente nuestro cuerpo y nuestra alma, y da forma, consistencia y realidad a todo lo que somos. El mundo no es un lugar; es el estado de inmersión de toda cosa en toda otra cosa, la mixtura que trastoca instantáneamente la relación de inherencia topológica.

Anaxágoras fue el primero en definir con rigor la mixtura como la forma propia del mundo: todo está en todo (*pan en panti*). La inmersión no es la condición temporaria de un cuerpo en otro cuerpo. No es tampoco una relación entre dos cuerpos. Para que la inmersión sea posible, *todo debe estar en todo.* Por una parte, como lo hemos visto, estar inmerso en algo es hacer la experiencia de estar en algo que a su vez está en nosotros. Por otra parte, según Anaxágoras, esa mixtura absoluta y recíproca, que parece hacer de toda cosa el lugar de toda otra cosa, no es una condición limitada en el espacio y en el tiempo sino la forma del mundo y de todo estar-en-el-mundo. Para que haya mundo, lo particular y lo universal, lo singular y la totalidad, deben compenetrarse recíprocamente y totalmente: el mundo es el espacio de la mixtura universal donde toda cosa contiene toda otra cosa y es contenida en *toda* otra cosa. Inversamente, la interioridad (el estar en algo, *inesse*) es la relación que liga toda cosa a *toda* otra cosa, que define el ser de las cosas *mundanas.*[85]

Decir que todo está en todo y que la inmersión es la forma eterna y la condición de posibilidad del mundo, en primer lugar significa afirmar que todo acontecimiento físico se produce como inmersión y a partir de la inmersión. Así, la luz que me permite ver la página que escribo es el mar en el que me baño. A su vez, está en el interruptor, en el cable que lo une a la lámpara y —de manera embrionaria— en la mano que lo acciona. Y la mano que ha accionado el interruptor está contenida en la luz que ahora la ilumina. Todo está en todo. Esa mixtura hace del mundo y del espacio la realidad de una transmisibilidad y de una traducibilidad universal de las formas. Pero lo que llamamos transmisión no es más que el eco de esta inherencia recíproca de toda cosa en toda otra cosa: el mundo es un contagio perpetuo.

Si todo está en todo es porque en el mundo todo debe poder circular, transmitirse, traducirse. La impenetrabilidad que frecuentemente se le ha imaginado tener a la forma paradigmática del espacio no es más que una ilusión: ahí donde hay un obstáculo para la transmisión y para la interpenetración, un nuevo plano se produce que le permite a los cuerpos trastocar la inherencia de uno en el otro en una interpenetración recíproca. Todo en el mundo produce mixtura y se produce en la mixtura. Todo entra y sale de todo: el mundo es apertura, libertad de circulación absoluta, no uno al lado de otro, sino *a través* de los cuerpos y los otros. Vivir, experimentar o estar-en-el-mundo significa también hacerse atravesar por todo. Salir de sí es siempre entrar en otra cosa, en sus formas y en su aura; volver a sí significa siempre prepararse para reencontrar toda clase de formas, objetos, imágenes, los mismos que Agustín se asombraba de encontrar en la memoria, productora de mixtura y espléndida evidencia de esta compenetración total.[86]

La ciencia y la filosofía se han limitado a clasificar y definir la esencia de las cosas y de lo viviente, sus formas y su actividad, pero se volvieron ciegas en cuanto a su *mundanidad*, es decir, su *naturaleza*, que consiste en su capacidad para entrar en toda otra cosa y ser atravesada por ella.

Sucede lo mismo con la materia: no es lo que separa y distingue las cosas sino lo que permite su encuentro y su mixtura. No se reduce simplemente al espacio de la inherencia de una forma en el mundo. Más bien, a través de ella todo está en todo, nada puede separarse del destino del resto, todo se deja atravesar por el mundo y puede así atravesarlo.

Hacer del mundo la realidad de este trastocamiento perpetuo de la inherencia de todo en todo significa hacer del espacio no el nombre de la exterioridad generalizada sino el de la interioridad universal: tener en sí todo lo que nos contiene. La extensión, la corporeidad, no es el espacio donde el ser es exterior a toda otra cosa (*partes extra partes*) con una intensidad que coincide con su *conatus sese conservandi*; el espacio es, al contrario, la experiencia donde toda cosa se expone a ser atravesada por toda otra cosa y se esfuerza por atravesar el mundo, en todas sus formas, consistencias, colores, olores. El espacio y la extensión son las fuerzas que a toda cosa permite respirar, extenderse y entremezclarse con el soplo: respirar es dejarse penetrar por el mundo para hacer del mundo algo que está hecho *también* de nuestro soplo. Todo respira y todo es soplo porque todo se compenetra.

Una nueva geometría debe ser pensada, porque el cosmos ya no diseña ni una esfera ni un plan. El cosmos en tanto que naturaleza no es un horizonte que incluye todos los astros (la esfera), tampoco es la totalidad de las cosas (*ta panta*) o una totalidad trascendente a sus elementos (lo Uno o Dios). Pero negar su trascendencia para hacerla potencia originaria, *fundamento* o *raíz* (*ground* ou *Grund*), como lo ha imaginado una tradición que ha culminado en el idealismo alemán, no es suficiente. Tanto como pensar ese fundamento como *desfondado* (Ungrund[87]). Afirmar que *todo está en todo (pan en panti)* no significa simplemente imaginar la existencia de todo en un único sustrato. El cosmos —es decir, la *naturaleza*— no es la fundación de las cosas, es su mixtura, su respiración, el movimiento que anima su compenetración. En otras palabras, el concepto de inmanencia no es suficiente para pensar la existencia del mundo ni para radicalizarla, haciendo coincidir Dios y mundo —como lo ha podido hacer el panteísmo— imaginando la inherencia de toda cosa en Dios (y pensando su coincidencia solamente a través de Dios). La verdadera inmanencia es la que hace existir toda cosa al interior de toda otra cosa: todo está en todo significa que todo es inmanente a todo. La inmanencia no es la relación entre una cosa y el mundo, es la relación que liga a las cosas entre ellas. Es esta relación la que constituye el mundo.

Así, la totalidad define un vínculo de interioridad radical y absoluta, que vuelve caduca toda distinción entre contenido y continente. Porque si todo está en todo, no solamente toda cosa contiene toda otra cosa, sino que toda cosa debe encontrarse en cualquier otra y además en aquellas que contiene. El hecho de *estar contenido en una cosa* coexiste con el hecho de contener esa misma cosa. El continente es también el contenido de lo que contiene. Esta identidad no es lógica, es topológica y dinámica. Todo objeto es un lugar para todo otro objeto e, inversamente, ser un lugar es encontrar su mundo en toda otra cosa. De una cierta manera, toda cosa es un mundo donde el mundo no es el horizonte último inalcanzable que se da únicamente en el fin de los tiempos y en la extremidad del espacio, sino la identidad intensiva con no importa cuál de sus objetos. Estar-en-el-mundo ya no es encontrarse en un espacio infinito que contiene toda otra cosa, sino no poder tener ya la experiencia de estar en un lugar sin reencontrar ese lugar en sí mismo y devenir, entonces, el lugar de nuestro lugar. El mundo es esta fuerza que invierte toda inherencia en su contrario, transforma todo ingrediente en lugar y todo lugar en un elemento del mismo compuesto.

La cosmología de la mixtura se funda, pues, en una ontología diferente de la enseñada por la tradición. Porque toda acción es interacción, o mejor: interpenetración e influencia recíproca. La física —la ciencia de la naturaleza— debería ser enteramente rescrita. Si el mundo está en todos sus entes, esto significa que todo ente es capaz de transformar radicalmente el mundo. La mixtura universal encarna el hecho de que el mundo está constantemente expuesto a la transformación operada por sus componentes. No es necesario esperar al antropoceno para enfrentar esta paradoja: son las plantas las que, hace millones de años, han transformado el mundo produciendo las condiciones de posibilidad de la vida animal. El "fitoceno"[88] es la prueba más evidente de que el mundo es mixtura, y de que todo ser mundano está en el mundo con la misma intensidad con la que el mundo está en él. En la mixtura universal, el efecto es siempre capaz de modificar su causa que yace constantemente en él. En este sentido, la inmersión es la destrucción del sentido único que antepone la totalidad al individuo, lo anterior a lo posterior. La causalidad en la mixtura es siempre bidireccional: la mixtura es siempre *hysteron proteron*. La retroacción, que se ha considerado como una propiedad de la vida, no es más que el ritmo propio del soplo, la respiración de la mixtura. Es también por esta razón que las nociones de medio y de mundo circundante son desplazadas: el viviente es un medio para el mundo del mismo modo que el resto de las cosas del mundo es el medio del individuo viviente. Las influencias siempre van en las mismas direcciones. La retroacción es un efecto de la inmersión y la inmersión es un hecho cósmico: constituye la forma y la condición de posibilidad del cosmos, no el efecto de ciertas acciones *humanas*. La noción de antropoceno transforma lo que define la existencia misma del mundo en una acción única, histórica y negativa: hace de la naturaleza una excepción cultural[89] y del hombre una causa extranatural. Sobre todo, descuida el hecho de que el mundo es siempre la realidad del soplo de los vivientes.

La cosmología, en este sentido, es una neumatología, mejor: ella es su forma suprema. Conocer el mundo es respirarlo porque todo soplo es una producción de mundo: lo que parece estar separado se reúne en una unidad dinámica. Respirar significa saborear el mundo. Y para todo viviente y para todo objeto, el mundo es lo que se da a través y gracias al soplo. El mundo tiene el sabor del soplo. Si todo espíritu hace mundo es porque todo acto de respiración no es la simple supervivencia del animal que está en nosotros, sino la forma y la consistencia del mundo del que somos la pulsación.

Esta coincidencia entre neumatología y cosmología no tiene nada de metafórico o arbitrario. Interrogar el mundo, su forma, sus límites, su consistencia en el mismo soplo que nos permite conocerlo y adherirnos a él, posibilita hallar una evidencia que la cosmología clásica no podría jamás obtener. En la inmanencia del soplo, el mundo revela ser algo más próximo y extremadamente diferente a lo que nos hemos imaginado. Es un rostro inédito el que las plantas nos permiten contemplar.

III

TEORÍA DE LA RAÍZ
LA VIDA·DE LOS ASTROS

In Sneffels Yoculis craterem kem delibat
umbra Scartatis Julii intra calendas descende,
audas viator, et terrestre centrum attinges.
kod feci. Arne Saknussen

Jules VERNE

Están ocultas y son invisibles para la gran mayoría de los organismos animales que se disputan el protagonismo sobre las tablas de la tierra firme. Hundidas en un mundo separado y críptico, pasan su vida sin tener la menor suposición de la explosión de formas y de acontecimientos que borbotean entre la tierra y el cielo. Las raíces son las formas más enigmáticas del mundo vegetal. A menudo su cuerpo es infinitamente más grande, infinitamente más complejo que su gemelo aéreo, ese que las plantas dejan aparecer a la luz del día: la superficie total del sistema radicular de una planta de centeno puede alcanzar cuatrocientos metros cuadrados, es decir, una superficie ciento treinta veces superior a la de su cuerpo aéreo.[1]

Han llegado relativamente tarde a la historia de la vida vegetal: durante millones de años las plantas prescindieron de ellas, tanto en el mar como en la tierra.[2] *Primun vegetari deinde radicare:* la vida vegetal parecería no tener necesidad de raíces para definirse o, al menos, sobrevivir. Su origen es oscuro y no es fácil destilar las formas. El primer testimonio fósil se remonta a 390 millones de años. Como todas las formas de vida destinadas a durar milenios, su origen evidencia más la invención fortuita y el bricolaje que la elaboración metódica y consciente: las primeras formas de raíces son modificaciones funcionales del tronco o rizomas horizontales desprovistos de hojas.[3]

Su morfología, así como su fisiología, son extremadamente variables: sus funciones han cambiado en el tiempo y no pueden ser designadas de manera unívoca; a veces –como es el caso de las micorrizas– son delegadas a otros organismos que entran en relación simbiótica con la planta.

Parecen vivir como privadas de la multiplicidad de los vivientes y, sin embargo, es gracias a ellas que las plantas llegan a ser conscientes de lo que pasa a su alrededor. Ya Platón había comparado nuestra cabeza, y la razón, a una "raíz": "el hombre –escribe– es planta del cielo y no de la tierra", con las raíces en lo alto, una suerte de planta invertida.[4] Pero la versión que se volverá canónica fue la dada por Aristóteles en su *Tratado sobre el alma*. "Lo alto y lo bajo –afirma– no son idénticos para todos los seres y para el universo: lo que es la cabeza en los animales, las raíces lo son en las plantas, si es por las funciones que es necesario distinguir o identificar a los órganos".[5] "La acción de los dos –comentará Averroes– es idéntica".[6] La analogía entre cabeza y raíz funda la del hombre y la planta, que tendrá un suceso extraordinario en la tradición filosófica y teológica medieval, hasta la modernidad (Francis Bacon todavía la utilizará). Así, en su tratado de filosofía, detallando el paralelismo, Guillaume de Conches explica que "los árboles hunden sus raíces, que es su cabeza, en lo bajo, en la tierra, de donde sacan su alimento. El hombre, por el contrario, exhibe su cabeza, que es como su raíz, en el aire, porque él vive de su espíritu".[7] Linné[8] trocará el sentido de la analogía y hablará de la planta como un animal invertido. Pero el adagio *quemadmodum caput est animalibus ita radices plantis* ("la raíz es lo que la cabeza para los animales") parece no haber perdido nunca su eficacia. Así, en la conclusión de su libro sobre la facultad motriz de las plantas, Darwin escribía que "apenas es exagerado decir que la punta radicular, [...] teniendo el poder de dirigir las partes colindantes, actúa como el cerebro de un animal: este órgano, en efecto, ubicado en la parte anterior del cuerpo, recibe las impresiones de los órganos de sentido y dirige los diversos movimientos".[9] También František Baluška,

La vida de las plantas. Una metafísica de la mixtura

Stefano Mancuso y Antony Trewavas[10] continúan esta intuición en investigaciones sobre el concepto de inteligencia vegetal e intentan demostrar que la raíz se corresponde perfectamente al cerebro en los animales: tienen las mismas capacidades. En efecto, es mediante el sistema radicular que la planta adquiere la mayoría de la información sobre su estado y sobre el medio en el que está inmersa; es incluso a través de las raíces que entran en contacto con los otros individuos limítrofes y administran colectivamente los riesgos y dificultades de la vida subterránea.[11] Las raíces hacen del suelo y del mundo subterráneo un espacio de comunicación espiritual. La parte más sólida de la tierra se transforma, gracias a ellas, en un inmenso cerebro planetario[12] donde circula la materia pero también las informaciones sobre la identidad y el estado de los organismos que pueblan el medio ambiente. Como si la noche eterna, en la que imaginamos las hundidas profundidades de la tierra, fuera todo excepto un largo y sordo sueño. En la inmensa y silenciosa retorta del subsuelo, la noche es una percepción sin órganos, sin ojos y sin orejas, una percepción con el cuerpo entero. La inteligencia, gracias a las raíces, existe bajo una forma mineral, en un mundo sin sol y sin movimiento.

Tanto en el lenguaje común como en la literatura y las artes, las raíces frecuentemente son el emblema y la alegoría de todo lo que hay de *fundamental* y *originario*, de lo que es obstinadamente estable y sólido, de lo necesario. Ellas son el órgano vegetal por excelencia. Y por lo tanto sería difícil hallar una forma más ambigua entre las que la vida ha creado y adoptado en el curso de su historia. Para la supervivencia del individuo, ellas no son más necesarias que otras partes del organismo; desde un punto de vista estrictamente evolutivo, no están en el origen del producto vegetal, como sí lo está la función fotosintética. Los avances que aportan son los del *networking* y no los del aislamiento y la distinción. No obstante, sería ingenuo considerarlas por esto como un apéndice secundario y decorativo. Las raíces no son lo que hemos creído que eran; sin embargo y de todos modos expresan y encarnan uno de los rasgos más importantes de la existencia vegetal: la ambigüedad, la hibridez, el carácter anfibio y doble.

Antes que nada, se trata de una hibridez ecológica. Gracias a ellas, la planta vascular, única entre todos los organismos vivientes, habita *simultáneamente* dos medios radicalmente diferentes por su textura, su organización y la naturaleza de la vida que allí habita: la tierra y el aire, el suelo y el cielo. Las plantas no se contentan con rozarlos, se hunden en cada uno de ellos con la misma obstinación, la misma capacidad de imaginar y formar sus cuerpos según formas de lo más inesperadas. Mediadores cósmicos, las plantas son seres *ontológicamente anfibios*[13]: *conectan los medios, los espacios*, mostrando que la relación entre viviente y medio no puede ser concebida en términos *exclusivos* (aquellos de la teoría de los nichos o los de Uexküll) sino siempre *inclusivos*. La vida es siempre cósmica y no un producto de nicho; jamás está aislada en un único medio sino que resplandece en todos los medios; hace de los medios un *mundo*, un cosmos cuya unidad es atmosférica.

Esta duplicidad ecológica está acompañada, y como desdoblada, por una duplicidad dinámica y estructural. Aunque en comunicación y compenetración recíproca −como todo en el cosmos−, los dos medios no están solamente yuxtapuestos sino que se estructuran de manera especular y opuesta. Como si las plantas vivieran simultáneamente dos vidas: una aérea, bañada por y sumergida en la luz, hecha de visibilidad y de una intensa interacción interespecífica con otras plantas, otros animales −de todo tamaño−; la otra, ctónica, mineral, latente, *ontológicamente* nocturna, cincelada por la carne de piedra del planeta, en comunión sinérgica con todas las formas de vida que la habitan. Estas dos vidas no se alternan, no se excluyen: son el ser de un mismo individuo, el único que alcanza a reunir en su cuerpo y en su experiencia a la tierra y al cielo, la piedra y la luz, el agua y el sol, a ser imagen del mundo en su totalidad. Es en el cuerpo de la planta que todo está en todo: el cielo está en la tierra, la tierra es impulsada hacia el cielo, el aire se hace cuerpo y extensión, la extensión no es sino un laboratorio atmosférico.

Las plantas son seres ecológicamente y estructuralmente dobles: pero, antes que nada, es su cuerpo el que está *anatómicamente geminado*. La raíz es como un segundo cuerpo, secreto, esotérico, latente: un anticuerpo, una antimateria anatómica que invierte de manera especular, punto por punto, todo lo que el otro cuerpo hace, e impulsa a la planta en una dirección exactamente opuesta a la que van todos sus esfuerzos de la superficie. Imaginad que por cada movimiento de vuestro cuerpo haya otro que vaya en sentido inverso; imaginad que vuestros brazos, bocas, ojos tengan un correspondiente antitético en una materia perfectamente especular de la que define la textura de vuestro mundo: así tendríais una idea, aunque vaga, de lo que significa tener raíces. Esto es lo que Julien Sachs ha denominado la anisotropía del cuerpo vegetal; dicho de otro modo, la antitropía propia de sus extremidades.[14] Como si el cuerpo de las plantas estuviera dividido en dos. Cada una de sus partes se estructura según una fuerza y una textura radicalmente opuesta a la otra. La raíz es una máquina de deconstrucción minuciosa de las formas y de las geometrías de la superficie terrestre, comenzando por la fuerza que parece determinar completamente nuestra vida, la de los animales móviles: la gravedad.[15]

"Tendremos una idea más exacta de este órgano –escribía Augustin Pyramus de Candolle en el siglo XIX– diciendo que la raíz es esa parte de la planta que, desde su nacimiento, tiende a descender hacia el centro de la Tierra con más o menos energía. Es a este rasgo dominante de las raíces que algunos naturalistas han hecho alusión al designar a la raíz de manera general con el nombre de *descensus*".[16] Son la esencia del descenso: la vía hacia lo bajo, el buceo geológico de la vida. Su existencia –como si ellas fueran el Otto Lidenbrock, o mejor, el Arne Saknussemm no humano– es un perpetuo viaje al centro de la Tierra, una tentativa de confundirse con él. Ya Thomas Andrew Knight, en el inicio del siglo XIX, había constatado que "no puede escapársele a cualquier observador, incluso el menos atento, que poco importa la posición en la cual se la ubica, la semilla para engendrar su raíz hará invariablemente el esfuerzo por descender al centro de la Tierra, mientras que el germen extendido tomará la dirección exactamente opuesta".[17] Continuando las investigaciones de Julius Sachs,[18] Charles Darwin, con su hijo Francis, sitúa el origen de esta fuerza en la extremidad de las raíces: "Es en la extremidad que se localiza la facultad de soportar la acción de peso. [...] Las diversas partes del mismo vegetal y las diversas especies de plantas —escribe— son afectadas por la gravitación de diferentes maneras y a diversos grados. Algunos órganos y algunas plantas muestran apenas marcas de esta acción. [...] En lo que concierne a las radículas de muchas semillas, y probablemente de todas, la sensibilidad a la gravitación está localizada en la extremidad, que transmite la influencia recibida en la parte inmediatamente superior y determina su encorvadura hacia el centro de la Tierra".[19]

Estaríamos equivocados al ver en este amor por la tierra el simple efecto de la gravedad: la raíz no se limita a percibir y a soportar pasivamente la fuerza gravitacional, como lo hace todo cuerpo en la superficie de la Tierra. Claramente la gravedad es "la fuerza más constante y la más permanente entre todas las fuerzas ambientales que actúan sobre las plantas",[20] pero la reacción a la gravedad no es la misma de la que muestran otros cuerpos (los cuerpos animales). No es simplemente el efecto del peso, es una atracción diferente, una fuerza de crecimiento dirigida hacia el centro del planeta. Darwin lo había notado: "El geotropismo [...] determina el encorvadura de la raíz hacia lo bajo; pero esta fuerza, muy poco considerable, es completamente insuficiente para perforar la tierra. Esta penetración se efectúa porque la extremidad afilada (protegida por la piloriza) está presionada hacia lo bajo, seguida de la expansión longitudinal o del crecimiento de la porción terminal rígida; esta última se encuentra aún ayudada por el crecimiento transversal, y la acción acumulativa de

La vida de las plantas. Una metafísica de la mixtura

las dos fuerzas es considerable".[21] Como si la raíz duplicara la débil fuerza de gravedad que la impulsa hacia lo bajo. Como si la planta, en su totalidad, empleara todos sus medios para vencer la resistencia a su descenso, con una intensidad igual a la que el tallo emplea para elevarse.

Estaríamos tentados a ver en la raíz el más perfecto cumplimiento del *amor fati* nietzscheano: "¡Los exhorto, hermanos míos, a que permanezcan fieles a la tierra y a que no crean en quienes hablan de esperanzas más allá de la tierra!".[22] La raíz no es simplemente la base sobre la que se fundaría el cuerpo superior del tronco, es la inversión simultánea del impulso hacia lo alto y el sol que anima a la planta: ella encarna "el sentido de la tierra", un amor por el suelo intrínseco a todo ser vegetal. En el *De plantis* pseudo-aristotélico ya se hacía del lazo a la tierra uno de los elementos esenciales de la naturaleza de las plantas: "la planta —leemos— *yace en tierra* y está como amarrada"; es la razón por la que "no tiene necesidad de dormir".[23] Pero esto no sería más que una parte de la verdad y desconocería lo que la raíz aporta a toda planta: su carácter híbrido y anfibio. La raíz no es sino la mitad del cuerpo geminado de la planta —la relación con la tierra no es más que una de las dos vidas de todo organismo vegetal. Y ella no puede ser comprendida más que en relación con su otra mitad: el geotropismo no es más que una de las direcciones de un impulso que no tiene otro objetivo que el de la fidelidad a la tierra. Es un efecto y un resultado del heliocentrismo que define la esencia misma de la vida vegetal. Si es necesario hundirse en el cuerpo mineral de la tierra es para mejor unirse al fuego que decide, de un extremo a otro, las formas y los movimientos.

Difícilmente llegamos a imaginar su entorno. Allí, apenas pasa la luz. Los sonidos y el rumor del mundo superior son aquí un temblor sordo y continuo. Casi todo lo que pasa en lo alto, por otra parte, existe y se traduce bajo tierra en sismos y estremecimientos. El agua corre, como todo líquido que proviene del mundo de lo alto y, como todo aquí, se esfuerza por descender hacia el centro. Todo está en contacto con todo y una lenta circulación de materias y flujos les permite a todos vivir más allá de los límites de sus cuerpos. Todo respira pero de manera diferente al mundo aéreo. El soplo de los cuerpos, por lo demás, no tiene necesidad de pasar por los pulmones –ni por los órganos: todo cuerpo está definido por su soplo, todo cuerpo es un puerto abierto a la circulación de la materia– dentro y fuera de sí. El organismo no es sino la invención de una nueva manera de mixturarse con el mundo y de permitir al mundo mixturarse en su interior. Respirar aquí abajo significa darse un cuerpo tentacular, capaz de abrirse una vía ahí donde el camino está bloqueado por la piedra, multiplicar sus apéndices y sus brazos para abrazar la mayor cantidad de tierra posible, exponerse a ella como la hoja al cielo.

Pero si las raíces son los órganos activos de la mixtura cósmica, no es solamente porque ellas comunican los diferentes elementos de la biósfera pedológica –el mundo subterráneo que habitan– o los otros organismos vegetales. Al contrario, su función es de orden cósmico; su soplo implica no solamente las sustancias coloidales a las que se adhieren y la fauna que allí vive, sino también las relaciones entre la tierra y el cielo. "La planta, escribía uno de los más grandes botánicos del siglo pasado, juega el rol de mediador entre el sol y el mundo animal. La planta, o más bien su órgano más típico, el cloroplasto, es el lazo que une la actividad de todo el mundo orgánico –todo lo que llamamos vida– al centro de energía de nuestro sistema solar: tal es la función cósmica de la planta".[24] En esta mediación cósmica, la raíz es lo que le permite a la planta implicar a la Tierra en su *dimensión planetaria*. Si ella gira físicamente alrededor del Sol, es *en y gracias* a las plantas que ese vínculo produce la vida, la materia que siempre existe en formas inéditas. Las plantas son la trasfiguración metafísica del planeta alrededor del Sol, el único que transforma un fenómeno puramente mecánico en un acontecimiento metafísico. Además, ellas hacen habitar el Sol en la Tierra: transforman el soplo del Sol –su energía, su luz, sus rayos– en los cuerpos que habitan el planeta, hacen de la carne viviente de todos los organismos terrestres una materia solar. Gracias a las plantas, el Sol se hace piel de la Tierra, su capa más superficial; y la Tierra se vuelve un astro que se nutre del Sol, se construye con su luz. Ellas metamorfosean la luz en sustancia orgánica y hacen de la vida un hecho principalmente solar. "La naturaleza se ha dado la tarea –escribía Julius Mayer en la mitad del siglo XIX– de atrapar al vuelo la luz que rebosa sobre la Tierra y guardar la más móvil de entre las fuerzas, luego de haberla fijado en una forma sólida. Para alcanzar este objetivo ha cubierto la superficie terrestre con organismos que toman la luz solar en sí y utilizando esta fuerza producen una cantidad continua de diferencias químicas. Estos organismos son las plantas. El mundo vegetal constituye una reserva en la que los volátiles rayos solares son hábilmente fijados y depositados para todo uso".[25] De una cierta manera, a causa de las plantas, el heliocentrismo se transforma de problema erudito y especulativo en cuestión de vida: por ellas, la vida es y no es más que la forma por excelencia del heliocentrismo. Esto no es una cuestión de opinión o de verdad: todo viviente es el efecto y la expresión del heliocentrismo, del hecho de que todo en la Tierra existe gracias al Sol. La raíz le permite al Sol –y a la vida– penetrar hasta la médula del planeta, llevar la influencia del Sol hasta las capas más profundas, infiltrar el cuerpo metamorfoseado de la estrella que nos engendra hasta el centro de la Tierra.

"Hubo un tiempo en el que la blasfemia hacia Dios era la mayor de las blasfemias, pero Dios ha muerto y con él todos sus sacrilegios. Ahora ¡lo más terrible es blasfemar la tierra y colocar más alto las entrañas de lo inescrutable que el sentido de la tierra!".[26] Sería difícil hallar palabras que puedan resumir, con mayor precisión, el espíritu de la nueva religión que define al mundo contemporáneo. El apego a la tierra, en su dimensión planetaria y ambiental, es el fundamento no solamente de la mayoría de las prácticas y de las teorías de la *deep ecology*: es también el espíritu que anima la nueva política global que se perfila desde hace algunas décadas. La tierra es la única instancia suprema, en nombre de la cual vuelve a ser posible afirmar decisiones *universales* que conciernen no a una nación específica o a un pueblo sino al género humano en su totalidad, en el presente y en el futuro. Ese culto, así como la fidelidad a la tierra invocada por Nietzsche, es menos nuevo de lo que podríamos imaginar: reemplazar la divinidad personal de las antiguas religiones del Mediterráneo por el planeta Tierra significa, una vez más, olvidar lo que hay de literalmente más evidente, claro, luminoso: el Sol. El heliocentrismo define desde hace mucho tiempo la autoconciencia declarada de las ciencias naturales, y sin embargo está lejos de haber marcado la conciencia común.

A pesar de las numerosas celebraciones y de las innumerables declaraciones de conversión, la filosofía, al igual que nuestro sentido común, parecería no haber perdido jamás la fe en el geocentrismo. Jamás hemos sido realmente heliocéntricos: el geocentrismo es el alma más profunda de los saberes occidentales.[27] La prueba de esto es la exclusión que ha sufrido la astrología luego del Renacimiento: la modernidad se identificó con el llamado a la Tierra y olvidó los astros, con la afirmación aun más profunda de la Tierra como el horizonte definitivo de nuestra existencia y de nuestro conocimiento. Antes que nada, *estar-en-el-mundo* es estar-en-la-tierra, medir todo lo que hay y lo que sucede a partir de formas y figuras propias del planeta que se supone nos alberga. Entonces, la Tierra es el espacio métrico *definitivo*: la ciencia del lugar y del espacio se llama geometría, medida de la tierra. La Tierra es el lugar último donde todo debe figurar. Solo existe aquello que toma la forma de los elementos presentes en el planeta.

Esta obsesión geométrica se vuelve explícita en la fenomenología husserliana. En un célebre fragmento donde ensaya invertir los resultados de Copérnico, Husserl muestra cómo la Tierra no es y no puede ser el objeto de la experiencia, en tanto que ella es la estructura fundamental: todo cuerpo "está, primero que todo, referido al suelo de todos los cuerpos-suelos relativos a la Tierra-suelo".[28] Antes de ser un cuerpo, es el hecho mismo de que haya un suelo, una base, es a partir de lo que *podemos* representar el mundo, los cuerpos, su movimiento y su reposo: "La Tierra misma, en la forma originaria de representación, no se mueve ni está en reposo, es en relación a ella que movimiento y reposo tienen sentido".[29] Y el geocentrismo occidental parecería estar relacionado con una extraña nostalgia por el mundo de la raíz. La Tierra no es y no puede ser un astro, debe ser primeramente el *suelo*: "Pero para nosotros, la Tierra es suelo y no cuerpo en pleno sentido".[30] También es *gracias* a la posibilidad de considerar la Tierra como suelo, como *raíz, origen, base universal* que es posible afirmar la unidad de la humanidad. Todo objeto de experiencia no puede más que ser "relativo al arco Tierra-suelo, a la 'esfera-Tierra', a nosotros, hombres terrestres, y la objetividad se relaciona a la humanidad universal".[31] Es exclusivamente porque "la Tierra es para todos la misma Tierra, sobre ella, en ella, por debajo de ella reinan los mismos cuerpos, 'sobre ella', etc., los

La vida de las plantas. Una metafísica de la mixtura

mismos sujetos encarnados, sujetos de carne que para todos y en un sentido modificado son cuerpos" que "la totalidad de nosotros, los hombres, los 'animales' es, en ese sentido, terrestre"[32]: "Solo hay una humanidad y una Tierra; a ella pertenecen todos los fragmentos que están o han estado por siempre separados".[33]

Continuamos percibiéndonos por el prisma de un modelo falsamente *radical*, continuamos pensando lo viviente y su cultura a partir de una falsa imagen de las raíces (en tanto que aisladas del resto). Como si, a fuerza de pensar la raíz en tanto que razón, hubiéramos transformado la razón misma y el pensamiento en una fuerza ciega de enraizamiento, en la facultad de la construcción de vínculo cósmico con la Tierra. En ese sentido, el reemplazo del modelo del sistema radicular clásico por el del rizoma no representa un verdadero cambio de paradigma: el pensamiento continúa siendo lo que nos permite pensar la Tierra, y únicamente la Tierra, como *suelo*, afirmar que "la Tierra no es un elemento entre los otros, ella reúne todos los elementos en un mismo abrazo, pero se sirve de uno o de otro para desterritorializar el territorio".[34] La fidelidad a la Tierra, el geotropismo extremo de nuestra cultura, su voluntad y su manía de "radicalidad" tiene un precio enorme: significa consagrarse a la noche, elegir pensar sin Sol. La filosofía parecería haber elegido, después de algunos siglos, la vía de la oscuridad.

El geocentrismo es el señuelo de la falsa inmanencia: no hay tierra autónoma. La Tierra es inseparable del Sol. Ir hacia la Tierra, hundirse en su seno significa siempre elevarse hacia el Sol. Ese doble tropismo es el mismo soplo de nuestro mundo, su dinamismo primario. Es ese mismo tropismo que anima y estructura la vida de las plantas y la existencia de los astros: no hay Tierra que no esté intrínsecamente ligada al Sol, no hay Sol que no esté haciendo posible la animación superficial y profunda de la Tierra. Al realismo lunar y nocturno de la filosofía moderna y posmoderna, habría que oponer un nuevo heliocentismo; o mejor, un extremismo de la astrología. No se trata, al menos no simplemente, de afirmar que los astros nos influyen, que gobiernan nuestra vida, sino de aceptar esto añadiendo que también nosotros influimos a los astros, porque la Tierra misma es un astro entre los astros y todo lo que vive sobre ella (así como en su interior) es de naturaleza *astral*. En todas partes, no hay más que cielo; y la Tierra es una porción de él, un estado de agregación parcial.

"En el medio de todo yace el Sol. ¿Quién, en efecto, podría ponerlo en otro lugar o en una mejor posición desde donde pueda iluminar todo de un solo golpe? Es más, ha sido llamado luz o espíritu o gobernador del mundo. Trimegistro lo llama dios invisible; Sófocles, la luz que todo lo ve. Como sentado en el trono real, el Sol reina sobre la familia de los astros que giran alrededor suyo. [...] La Tierra es fecundada y concebida por el Sol a través de un alumbramiento anual. Bajo este ordenamiento encontramos una admirable simetría y un vínculo de armonía estable entre el movimiento y la grandeza de los orbes que no se encuentra de otro modo".[35]

Con estas palabras, Copérnico ensaya revolucionar la manera como nos relacionamos con el mundo. Lo que estaba en juego para Copérnico no era simplemente la afirmación de la centralidad del Sol. Poner al Sol *en el medio de todo* es llevar a cabo muchos desplazamientos cognitivos y metafísicos.

Postular que en el centro del Universo está el Sol, significa primeramente *universalizar el movimiento*. La Tierra *tiene necesidad de girar* alrededor del Sol para poder existir: toda su realidad debe ser comprendida y observada a partir de esta fuente infinita de luz y de energía. El núcleo de nuestro mundo no es un punto estable y fijado para siempre, sino que es algo que tiene la naturaleza de una efervescencia continua de energía y al que tenemos acceso solo a través del movimiento del cual el Sol mismo es la causa. Todo existe gracias a esta fuente. Inversamente, nuestro cuerpo, los peñascos, las piedras, los animales, son el punto extremo del cielo. Nuestro corazón mundano es el Sol, un golfo cósmico que produce y emana aquello de lo que nuestros cuerpos son a su vez los sensores, los archivos y los espejos. Comer es ya reconocer, con ese acto, la centralidad del *Sol* y de su energía, buscar sobre la tierra una relación directa con él: *todo* compuesto orgánico es, de manera directa o indirecta, el resultado de la influencia de la energía solar capturada por las plantas y transformada en masa orgánica, en materia viviente. Cada vez que comemos, ensayamos compensar nuestra incapacidad para absorber inmediatamente esa energía que las plantas aprovechan. Nuestro cuerpo no es más que el archivo de lo que el Sol ofrece a la Tierra.

Afirmar que la Tierra gira alrededor del Sol significa, luego, negar la separación ontológica entre el espacio terrestre, humano, y el espacio celeste, no humano; por lo tanto, transformar la idea misma de *cielo*. El cielo no es una atmósfera accidental que envuelve al suelo, es la única sustancia del universo, la naturaleza de todo lo que existe. El cielo no es lo que está en lo alto. El cielo está por todos lados: es el espacio y la realidad de la mixtura y del movimiento, el horizonte definitivo a partir del cual todo debe diseñarse. No hay más que cielo, por todos lados; y todo, incluso nuestro planeta y lo que él alberga, no es sino una porción condensada de esta materia celeste infinita y universal. Todo lo que sucede es un acontecimiento celeste, todo lo que pasa es un hecho divino. Dios no está más-allá, coincide con la realidad de las formas y de los accidentes. Las plantas han hecho de la vida una entrega completa al cielo, de lo que allí pasa, estando bien enraizadas en la tierra. Esto quiere decir que gracias a las plantas la vida no es un hecho puramente *químico* sino también y sobre todo *astrológico*.

Afirmar una continuidad *material* entre la Tierra y el resto del universo significa cambiar la idea misma de Tierra. La Tierra es cuerpo celeste, y en ella todo es cielo.[36] El mundo humano no es la excepción de un universo no humano; nuestra existencia, nuestros gestos, nuestra cultura, nuestro lenguaje, nuestras apariencias son, de un extremo a otro, *celestes*. Reconocer la naturaleza *astral* de la Tierra es hacer de la astrología –la ciencia de los astros– no una ciencia local sino la *ciencia global y universal* para mejor trastocarla: no se trata de comprender la dominación de los astros sobre nosotros –su gobierno– sino de comprender el cielo como espacio de flujos y de influencias. No solamente que la biología, la geología, la teología son ramas de la astrología, sino que la astrología se vuelve cada vez más una ciencia de la contingencia, de lo imprevisto, de la irregularidad. El cielo no es el lugar del retorno de lo idéntico.

El universalismo astrológico implica así la destrucción de la idea misma de una inmanencia absoluta, la afirmación de algo así como una ondulación infinita donde todo cuerpo y todo ser no se deja anclar en ninguna parte; donde, de hecho, no existe *más suelo*, base estable, *ground.* La fuente última de nuestra existencia es el cielo. La tierra y su extensión no son la base, el sustrato universal de nuestra existencia, sino la superficie extrema, la pantalla última y menos substancial del universo de lo real: la profundidad son los astros, la tierra y el cielo son la extensión infinita de nuestra piel. Esta destrucción de la idea tradicional del suelo permite también superar el horizonte ordinario de la ecología. Luego de su origen, la ecología considera siempre y exclusivamente el medio en términos de hábitat, de suelo que alberga y acoge: hace del mundo la universalización de la idea de habitabilidad. Reduce el gran espacio, el universo del cielo en tierra habitable. Y es a causa de la concepción de mundo en tanto que suelo, espacio de acogida y habitabilidad que ella puede considerar la cohabitación de los vivientes como conjunto *ordenado* y *normado.* Reconocer o tomar conciencia de que la tierra es un espacio astral, que ella no es sino una porción condensada del cielo, es reconocer que hay lo *habitable,* que el espacio no podrá jamás ser habitado de manera definitiva.[37] Atravesamos, penetramos un espacio, nos mixturamos con el mundo, pero allí jamás podremos establecernos. Toda habitación tiende a volverse inhabitable, a ser *cielo* y no casa. Es lo que demuestra la raíz, que el lenguaje común considera como el ejemplo más acabado de habitación: no es sino la extremidad de una máquina de conjunción de la tierra con el cielo, la astucia que permite transformar la tierra en astro celeste hasta su centro.

Hacer de la tierra un cuerpo celeste es hacer nuevamente contingente el hecho de que ella represente nuestro hábitat. Ella no es habitable por definición, así como la mayoría de los astros. El cosmos no es lo habitable en sí –no es un *oikos*–, es un *ouranos*: la ecología no es sino el rechazo de la uranología.

IV

TEORÍA DE LA FLOR
LAS FORMAS DE LA RAZÓN

Fijarse a la superficie de la tierra para penetrar mejor el aire y el suelo. Amarrarse a un punto azaroso para luego exponerse y abrirse a todo lo que está en el mundo circundante, sin distinción de forma ni de naturaleza. Jamás desplazarse para mejor permitirle al mundo precipitarse en su seno. Jamás dejarse construir canales, abrir huecos para que el mundo pueda caer, deslizarse, insinuarse. Para los seres sésiles, el encuentro con el otro –independientemente de la cualificación de este otro– nunca sería una cuestión de espera y de azar. Ahí donde un movimiento, una acción, una elección no son posibles, encontrase con alguien o algo es posible exclusivamente mediante la metamorfosis de sí. Es solo al interior de sí que el ser sin movimiento puede encontrar el mundo. No hay geografía, no hay espacio intermediario que pueda acoger el cuerpo de uno y de otro y hacer posible el encuentro. Todo ser sésil debe hacerse mundo para el mundo, construir en sí el lugar paradojal de un medio para el mundo mismo. Además, frente a un ser sésil, el mundo no se da a conocer como una multiplicidad de sustancias separadas por contornos que se podrían tocar o recorrer con los ojos, él no es sino una única sustancia de intensidad y densidad variables. Distinguir significa filtrar, destilar ese flujo continuo de la esencia de las cosas, abreviarlo en una imagen. *Percibir* el mundo en profundidad es ser tocado y penetrado por él al punto de ser cambiado, modificado. Para un ser sésil, conocer el mundo coincide con la variación de su propia forma, una metamorfosis provocada por el exterior. Es lo que llamamos sexo: la forma suprema de la sensibilidad, aquella que permite concebir al otro al mismo momento en el que el otro modifica nuestro modo de ser y nos obliga a movernos, a cambiar, a *devenir otro*. La flor es el apéndice que le permite a las plantas –o, más precisamente, a la parte más evolucionada: los angiospermas– consumar ese proceso de absorción y captura del mundo. Es un *atractor cósmico*, un cuerpo efímero, inestable, que permite percibir –es decir, absorber– el mundo y filtrar las formas más preciosas para un ser modificado, para prolongar su ser-ahí donde su forma no sabría conducirla.[1]

Ella es, antes que nada, un *atractor*: en lugar de ir al mundo, atrae el mundo hacia ella. Gracias a las flores, la vida vegetal se vuelve el lugar de una explosión inédita de colores y formas, y de conquista del dominio de las apariencias. En la flor, sexo, forma y apariencias se confunden. Así, las formas y las apariencias están liberadas de toda lógica expresiva o indentitaria: ellas no deben expresar una verdad individual, ni definir una naturaleza, ni comunicar una esencia. "El modo de estructura de la planta tiene también algo de puramente demostrativo [y] no tiene ninguna relación con su utilidad".[2] Las formas y las apariencias no deben comunicar el sentido o el contenido, ellas deben poner en comunicación seres diferentes; diferentes no solamente en número (el masculino y el femenino de la misma especie) sino en el espacio, el reino, el dominio ontológico (las plantas con los insectos, los perros, los hombres...). En la flor, la forma es el laboratorio de la conjunción, el espacio de mixtura de lo desigual.

Entre los modos de multiplicación de sí, la reproducción sexual es la que transforma un proceso de división en un proceso colectivo de invención y variación de formas. En la flor, la reproducción deja de ser instrumento de narcisismo individual o específico para devenir una ecología de la condensación y de mixtura, puesto que el individuo *hace* mundo y el mundo entero alumbra al nuevo individuo. El vínculo entre individuos de la misma especie debe pasar por el vínculo con otros individuos de otros reinos. No solamente que no hay nada de privado u oculto en el acto sexual (es lo que se expresa con el concepto de fanerógamo), sino que para consumar el acto sexual es necesario pasar por el mundo: el sexo es lo que hay de más mundano y cósmico. El encuentro con el otro es necesariamente siempre unión con el mundo, en su diversidad de formas, de estatuto, de sustancia. Imposible encerrarse en una identidad, sea de género, sea de especie o de reino. El sexo es la práctica originaria de distención de la identidad.

En este sentido, la presencia y la importancia biológica y ecológica de las flores vuelve imposible todo discurso que limite la función cósmica de las plantas a una simple cuestión de producción de energía o de transformación de energía en masa. La elección evolutiva de la vía floral es la elección por el primado de las formas y sus variaciones sobre todo el resto.[3] La cosmología es siempre una cosmética y ella no puede constituirse más que a través de una pluralidad de formas[4]: el equilibrio y los flujos de energía no son suficientes para constituir un cosmos. La mixtura –de la que el sexo es quizá la forma más universal para el viviente– es siempre una fuerza de multiplicación y de variación de formas y no un mecanismo para su reducción.

Ella es el instrumento activo de la mixtura: todo encuentro y toda unión con otros individuos se hacen por ella. Pero una flor no es, propiamente hablando, un órgano: es un agregado de diferentes órganos modificados para hacer posible la reproducción. Hay un vínculo profundo entre el aspecto efímero e inestable de esta formación y el de la superación del horizonte propiamente "orgánico". En tanto que espacio de elaboración, de producción y de engendramiento de nuevas identidades individuales y específicas, la flor es un dispositivo que invierte la lógica del organismo individual: es el último umbral donde el individuo y la especie se abren a los posibles de la mutación, del cambio, de la muerte. En el seno de la flor, la totalidad del organismo así como la de la especie son descompuestas y recompuestas a través del proceso meiótico. Las flores constituyen por esto un lugar fuera de la totalidad, más allá del todos por uno. Es lo que se expresa también en su número: si los animales superiores disponen de órganos reproductores estables y únicos, la planta construye sus apéndices de reproducción *en masa innumerable* para rápidamente deshacerse de ellos. Por causa de este exceso –que a su vez causa otro: el de los polinizadores (animados e inanimados)– sería difícil reducir el sexo vegetal a una simple estrategia de duplicación de sí. Pero también hay otros elementos que impiden ver en el instrumento principal de la reproducción vegetal una simple emanación subjetiva. Los estoicos imaginaban que, inmediatamente luego del nacimiento, todo ser viviente se percibe a sí mismo y, sobre la base de esta percepción, se apropia de sí, se acostumbra a sí. Ellos llamarían a este proceso de apropiación y familiarización de sí: *oikeiosis, un devenir propio, suyo, del ser viviente.* "Debemos saber, escribía Hierocles, que un animal desde que nace se percibe a sí mismo"[5] y "una vez que ha recibido la primera percepción de sí, se vuelve inmediatamente familiar a sí mismo y a su propia estructura".[6] La flor, muy a menudo, muestra un mecanismo inverso: el de la desapropiación de sí, el de volverse extranjera para sí misma. Esto es lo que sucede por la fertilización: la mayoría de las flores hermafroditas desarrollan un sistema de auto-inmunización para evitar la autofertilización, una defensa contra sí misma que mejor le permite abrirse al mundo.[7]

Si una flor no puede ser considerada como un simple órgano es principalmente porque ella es el lugar de la producción del organismo futuro y, pues, de la totalidad de los órganos de los que se compone un cuerpo. Repitiendo hasta el hartazgo que los seres vivientes son seres *orgánicos,* frecuentemente olvidamos que todo organismo participa también de un horizonte metaorgánico, el que permite la construcción de todos los órganos de los que se compone. La flor (junto al grano) es, desde este punto de vista, el órgano de los órganos, no solo porque ella pone en marcha la obra originaria a partir de la cual la construcción orgánica es a la vez concebida y realizada, sino porque para hacerlo debe reducir la identidad actual del organismo a un simple código, a un boceto abreviado y remodelado, reducido a la mitad, una imagen activa que contiene el conjunto de procedimientos técnicos y materiales necesarios para producir otros individuos. Ella es en sí la expresión perfecta de la coincidencia absoluta de vida y técnica, materia e imaginación, espíritu y extensión.

　　　　　　　　La vida de las plantas. Una metafísica de la mixtura

Durante siglos la flor ha sido considerada como el lugar donde la materia estaba animada por una suerte de imaginación
trascendental: más que una facultad personal, capaz de formar
la realidad impalpable del psiquismo, se trata de una potencia
elástica que modelaría inmediatamente la materia del mundo.
El "alma vegetativa" no sería una vida sin facultad imaginativa,
sino la vida cuya imaginación produce efectos sobre la totalidad
del cuerpo del organismo –hasta darle forma– y de la que la
materia es un sueño sin consistencia, una fantasía que no tiene
necesidad de órganos ni de sujetos para consumarse.

Toda planta parece inventar y abrir un plan cósmico donde
no hay oposición entre materia y fantasía, imaginación y desarrollo de sí. La idea de una esfera de coincidencia absoluta
entre cuerpos y conocimientos, entre imagen y materia, nunca
ha sido extranjera a la biología. De hecho, la noción de gen es
la formulación moderna.[8] Era muy difundida en la filosofía y la
medicina del Renacimiento. En su forma más radical, ha inspi-
rado las reflexiones de William Harvey sobre la generación de
lo viviente, así como las de Jan Marek Marci de Kronland[9] o
de Peder Soerensen[10] sobre la *semina* y las de Francis Glisson
sobre la percepción natural.[11] Para explicarlo con la ayuda de una
analogía relativamente común, se trata de pensar el proceso de
engendramiento de los vivientes (la concepción de lo viviente que
tiene lugar en el útero, la *conceptio uteri*) como perfectamente

isomorfa a la forma como opera el cerebro (*conceptio cerebri*): la materia del mundo deviene en la planta (o en la vida vegetativa de todo viviente) un cerebro donde ella opera como tal.[12] Para decirlo de otro modo, hay un cerebro material y no nervioso, un espíritu inmanente a la materia orgánica en tanto que tal. Por la vida, la materia puede devenir espíritu, comenzando a vivir. La manifestación más evidente de esta forma elemental de "cerebralidad" es encarnada por la semilla. Las operaciones de las que la semilla es capaz no se dejan explicar más que presuponiéndola equipada de una forma de saber, un conocimiento, un programa para la acción, un *pattern* que no existe a la manera de la conciencia sino que le permite consumar todo lo que hace sin errores.[13] Si en el hombre y en el animal el conocimiento es un hecho accidental y efímero, en la semilla (y, podríamos decir, en el código genético) el saber coincide con la esencia, la vida, la potencia y la acción.[14] Los genes son los cerebros de la materia, su espíritu. Si un grano puede ser considerado como un cerebro es porque éste es una forma de semilla. El interés de esas especulaciones analógicas reside en la posibilidad de alcanzar una definición no anatómica del cerebro: el cerebro no es un órgano humano, no es un órgano sin más, sino un trazo de la materia que posee saber y conocimiento. En el fondo, se trata de expandir el sentido de las nociones de saber y de pensamiento, en una dirección opuesta a la del aristotelismo. No hacer del intelecto un órgano separado, sino más bien hacerlo coincidir con la materia. Francis Glisson fue el primero en formular esta hipótesis de la manera más radical, incluso hasta postular la animación de todo el universo. Según Glisson, la materia misma debe ser definida a partir de una suerte de afectividad natural (*perceptio naturalis*) y originaria, separada y diferente de la sensación o de la experiencia, porque es incapaz de error. Esta efectividad radical es la acción inmediata de la vida sustancial (*inmediatam actionem vitae substantialis*). Lo que la materia percibe es, pues, la forma de lo viviente. El ejemplo de esta sensibilidad elemental es el del grano de trigo capaz de percibir la forma de la planta que se desarrollará a partir de él.[15] Como si, gracias a la semilla, el viviente llegara a percibirse a sí mismo. En este sentido, la imaginación no define un espacio de soberanía: no es posible distraerse del objeto que contempla, la percepción natural es una afectividad sin soberanía.[16] La forma del organismo que es objeto de percepción no se presenta en la indiferencia de la elección o del juicio: la percepción natural no elige sus objetos, no delibera. En la inmanencia de la semilla, toda forma no es ya un hecho estético o material, sino el testimonio de un psiquismo subterráneo, de una psicología inconsciente y material. Ahí donde hay una forma, hay un espíritu que estructura la materia, es decir que la materia existe y vive en tanto que espíritu. La vida vegetal nunca es un hecho puramente biológico: es el lugar de indiferencia entre lo biológico y lo cultural, lo material y lo cultural, el logos y la extensión.

"Si se quiere comparar la flor (más allá del vínculo sexual) con un órgano del animal —escribe Lorenz Oken en su monumental *Manual de filosofía natural*— no podría hacerse sino con el órgano nervioso más importante. La flor es el cerebro de las plantas, la que concuerda con la luz, que permanece aquí en el plano del sexo. Se podría decir que lo que es sexo en las plantas es cerebro en los animales, o que el cerebro es el sexo del animal".[17] La opinión de Oken, genial alumno de Schelling y de Goethe, está lejos de ser paradojal: se podría decir que es la generalización y la radicalización de la antigua tesis estoica según la cual la razón (*logos*) tiene la forma de una semilla. Pensar la razón como semilla permitía liberarla de la silueta humana para transformarla en facultad *cósmica* y *natural* (que existe en el mundo físico y no en el cuerpo del hombre, y que coincide con el curso natural de las cosas) de formación de la materia: la razón es lo que da forma a todo lo que existe; siguiendo las reglas preestablecidas, es lo que gobierna el mundo y su devenir *del interior*. Pensar la razón como flor —o, a la inversa, pensar la flor como forma paradigmática de existencia de la razón— conduce a percibirla como la facultad cósmica de la variación de las formas. El pensamiento así ya no es la fuerza que da a lo real una identidad determinando el destino de una vez por todas, sino por el contrario es el punto de reencuentro con el resto del cosmos, el espacio metafísico donde se mixtura con el mundo y se deja afectar por la mixtura, la fuerza de desvío que transforma la identidad más profunda de un ser. La razón –la flor del cosmos– es una fuerza de multiplicación del mundo. Jamás restituye el viviente a sí mismo, a su unidad numérica, a su genealogía; más bien multiplica los cuerpos, renueva lo posible, vuelve a cero el pasado, abre el espacio a un futuro inconcebible. La razón-flor, en fin, no reconduce la multiplicidad de la experiencia a un yo único, no reduce la diferencia de opinión a la unicidad de un sujeto; ella multiplica y diferencia los sujetos, vuelve incomparables e incompatibles las experiencias. La razón no es ya la realidad de lo idéntico, de lo inmutable, de lo mismo; es la fuerza y la estructura que obliga a toda cosa a fusionarse con sus semejantes por inclinación a lo desemejante para cambiar su rostro: es la fuerza que deja al mundo y a los encuentros azarosos el cuidado de redibujar, desde el interior, el rostro de sus componentes.

La razón es una flor: no ha sido necesario esperar al hombre ni a los animales superiores para que la fuerza técnica de formación de la materia devenga una facultad individual. Son las plantas las que han domado esta fuerza para hacerla vibrar al propio ritmo de la vida y de sus generaciones. Es gracias a ellas que la vida se ha vuelto el espacio de la razón por excelencia; es por las plantas que mundo y vida coinciden sin resto.

La razón es una flor: podríamos explicar esta equivalencia diciendo que todo lo que es racional es sexual, que todo lo que es sexual es racional. La racionalidad es una cuestión de formas, pero la forma es siempre el resultado del movimiento de una mixtura que produce una variación, un cambio. Inversamente, la sexualidad no es ya la esfera mórbida de lo infrarracional, el lugar de los afectos turbios y nebulosos. Es la estructura y el conjunto de encuentros con el mundo que le permite a toda cosa dejarse tocar por el otro, progresar en su evolución, reinventarse, volverse otro en el cuerpo de la semejanza. La sexualidad no es un hecho puramente biológico, un impulso de la vida en tanto que tal, sino un *movimiento del cosmos* en su totalidad: no es una técnica mejorada de la reproducción de lo viviente sino la evidencia de que la vida no es sino el proceso a través del cual el mundo puede prolongar y renovar su existencia únicamente renovando e inventando nuevas fórmulas de mixtura. En la sexualidad, los vivientes se hacen agentes de mestizaje cósmico y la mixtura se vuelve un medio de renovación de seres y de identidades.

La razón es una flor: la razón no es y no podrá ser jamás un órgano con formas definidas, estables. Ella es una corporación de órganos, una estructura de apéndice que pone en discusión al organismo entero y su lógica. Principalmente, es una estructura efímera, estacional, cuya existencia depende del clima, de la atmósfera, del mundo en el que estamos. Es riesgo, invención, experimentación.

La flor es la forma paradigmática de la racionalidad: pensar es siempre implicarse en la esfera de las apariencias, no para expresar una interioridad oculta, ni para hablar o decir algo, sino para poner en comunicación seres diferentes. La razón no es sino esta pluralidad de estructuras de atracción cósmicas que permiten a los seres percibir y absorber el mundo, y al mundo estar completamente en todos los organismos que lo habitan.

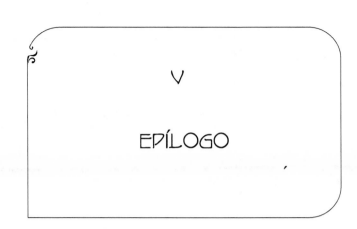

V

EPÍLOGO

Desde hace un tiempo, en la república de las ciencias reina una etiqueta muy severa: esa regla de oro no escrita impone una, y solo una, disciplina apropiada para todo objeto de conocimiento; y, a la inversa, afirma que toda disciplina tiene un número *definido* y *limitado* de objetos y de cuestiones que es conveniente conocer. Como toda forma de disciplina, esta etiqueta también tiene una naturaleza y sobretodo una finalidad específicamente *moral* y no gnoseológica: sirve para limitar la voluntad de saber, para castigar los excesos, para controlar no desde el exterior sino desde el interior del sujeto. Lo que llamamos *especialización* comporta un *trabajo sobre sí*, una educación cognitiva y sentimental oculta, o más frecuentemente olvidada y reprimida. Esta ascesis cognitiva no tiene nada de natural, por el contrario, es el resultado inestable e incierto de largos y penosos esfuerzos, el fruto envenenado de un ejercicio espiritual practicado sobre sí mismo, de una prolongada castración de su propia curiosidad. La especialización no define un exceso de saber sino una renuncia consciente y voluntaria al saber de los "otros". No es la expresión de una curiosidad desmesurada por un objeto sino el respeto temeroso y escrupuloso de un tabú cognitivo. Y toda invitación a considerar los diversos conocimientos humanos como *ontológicamente* y *formalmente* separados en disciplinas es la expresión de una verdadera *kashrout* cognitiva: "Considerad impuro todo conocimiento que no provenga del mismo objeto y mismo método que el vuestro".

Estos tabúes no tienen nada de nuevo ni de específicamente moderno.[1] Se han impuesto luego de siglos, con la fundación de la universidad en la Edad Media. Mejor aun: ellos representan la esencia misma de la institución universitaria. Contra el ideal de una cultura global, multidisciplinaria, enciclopédica (el *enkyklos paideia* de los Antiguos[2]), la universidad nació para afirmar la necesidad de acompañar las artes liberales (las técnicas de libertades heredadas de los Antiguos y juzgadas como insuficientes) de otros saberes (principalmente el derecho, la medicina y sobretodo la teología). Esos saberes no ven la totalidad ni se componen de una estructura armoniosa y unitaria. Separan las disciplinas siguiendo existenciales diferentes e incompatibles: el jurista no podrá ser teólogo y al teólogo le está vedado ser jurista. Durante mucho tiempo, el gesto soberano por excelencia del sabio fue el de reunir los más diferentes saberes y medir su unidad en el soplo de su conciencia: el sujeto del saber –aquel que dice *yo* en el *cogito*– siempre prevalecía sobre los límites de las disciplinas, y sin importar en cuál de ellas, era capaz de ir mucho más lejos con su mirada. Con la universidad, el sujeto del saber y del pensamiento (el yo del *cogito*) es invitado a hacer coincidir su subjetividad cognitiva –su ser intelectual, su *res cogitans*– con los límites de una disciplina o de un objeto.

Esta limitación epistemológica corresponde a una limitación de naturaleza *social* o sociológica. El nacimiento de la universidad no corresponde al nacimiento de nuevos saberes o al de una nueva organización de conocimientos, sino a la formación de una nueva *organización de los sabios*. Con las universidades medievales, por primera vez, la producción y la transmisión de los saberes son el fruto de una corporación: *universitas* es el término técnico para nombrar una *corporación*. De este modo, por primera vez, una corporación no es ya una asociación ligada a un oficio, a un fin político, a un origen ético, sino a un saber: reúne personas en torno a un mismo saber. Se trata pues de una corporación epistemológica. Conocer es pertenecer a una corporación. Así, el acto cognitivo es fundado por un vínculo jurídico y una per-

La vida de las plantas. Una metafísica de la mixtura

tenencia política, el ideal del *bios theoretikos* es inmediatamente y necesariamente compartido con los *socii*. La relación entre los diferentes objetos de conocimiento es definido así a partir del vínculo jurídico y social entre las diferentes corporaciones de sabios. Y los límites cognitivos de una disciplina son los de la autoconciencia de la corporación: la identidad, la realidad, la unidad y la autonomía epistemológicas de esta disciplina no son sino efectos secundarios de la distinción, de la unidad y del poder del *collegium* de los sabios que la controlan. La especialización es la traducción epistemológica de un ideal corporativista del saber, de la fundación de sabios en comunidad jurídicamente cerrada. Lo que llamamos disciplinas o ciencias (en plural) no son sino las sombras recibidas de las corporaciones universitarias.[3] Y la epistemología es el esfuerzo –fuertemente destinado al fracaso– de traducir en términos científicos un sistema de interdicciones cuyo origen es puramente social y de naturaleza moral.

Las cosas y las ideas son mucho menos disciplinadas que los hombres: ellas se mezclan unas con otras sin preocuparse por los interdictos o las etiquetas; circulan libremente sin esperar la autorización de sus pares; se estructuran según formas y fuerzas que nunca se corresponden a las que forman el cuerpo social. Sería en vano esperar lo contrario. Por cierto, es esta autonomía la que posibilita lo que llamamos, desde hace siglos, filosofía: un vínculo con las ideas y el conocimiento que no está mediatizado por ninguna disciplina ni por ninguna norma, y que no tiene otra base que el de un deseo ciego, desordenado, sin discernimiento. Si la filosofía puede verificar un vínculo privilegiado con la verdad, si es un deseo y no un método, una disciplina, un protocolo, un procedimiento que sabrá conducirnos lo más cerca posible de la realidad, es porque el mundo es el espacio donde las cosas y las ideas están mixturadas de manera heterogénea, dispar, imprevisible. Un intercambio sináptico subyace en el mismo espacio acontecimental de un poema que está por escribirse, de una brisa, de una hormiga que busca su camino, de una guerra que comienza, y todo está ligado a todo, sin que haya una unidad superior a la de la mixtura, sin que las causas y los efectos sean ordenados según el criterio de homogeneidad formal o de isoformismo. No es uniendo *exclusivamente* entre ellos a los fenómenos que tienen la misma naturaleza o la misma forma (los fenómenos físicos a otros fenómenos físicos, los hechos sociales a otros hechos sociales, etc.) que podremos llegar a comprender el mundo. No es expulsando la naturaleza desemejante de sus componentes que podremos aprehender lo que hace posible la vida de todos. El mundo no es un espacio definido por el orden de las causas, sino más bien por el clima de las influencias, la meteorología de las atmósferas. Vida y mundo no son sino nombres de la mixtura universal, del clima, de la unidad que no comporta la fusión de la sustancia y de la forma.

Comprender un clima es aprehender una atmósfera.

De este modo, la planta y su estructura pueden ser mucho mejor explicadas por la cosmología que por la botánica. Asimismo, para comprender la naturaleza de lo que llamamos racionalidad, la antropología tiene mucho más que aprender de la estructura de una flor que de la autoconciencia lingüística de los sujetos humanos. Esto es porque toda verdad está ligada a toda otra verdad, al mismo tiempo que toda cosa está ligada a toda otra cosa. Esta ligazón, esta conspiración universal de las ideas, de las verdades y de las cosas es lo que nosotros llamamos mundo: lo que atravesamos y lo que nos atraviesa a cada instante, cada vez que respiramos. Si los conocimientos quieren volverse *mundanos, conocimientos y saberes de este mundo*, deberán respetar la estructura. En el mundo todo está mixturado con todo, nada está ontológicamente separado del resto. Lo mismo es para los conocimientos y las ideas. En el mar del pensamiento, todo comunica con todo, cada saber penetra y es penetrado por todos los otros. Todo objeto puede ser conocido por toda disciplina, todo conocimiento puede dar acceso a todo objeto.

En el fondo, el verdadero conocimiento del mundo no puede ser sino una forma de autotropía especulativa: en lugar de alimentarse siempre y exclusivamente de ideas y verdades ya sancionadas por tal o cual disciplina en su historia (incluyendo la filosofía), en lugar de querer construirse a partir de elementos cognitivos ya estructurados, ordenados, confeccionados, deberían transformar en idea no importa qué materia, objeto o acontecimiento, exactamente como las plantas son capaces de transformar en vida no importa qué fragmento de tierra, de aire y de luz. Esta sería la forma más radical de la actividad especulativa, una cosmología proteiforme y liminar, indiferente a los lugares, a las formas, a las maneras como es practicada.

La emergencia de la filosofía no debe ser considerada como un acontecimiento histórico que habría tenido lugar de una vez y para siempre. Más que una disciplina reconocible por su objeto, su método, sus temáticas y sus objetivos universalmente compartidos en el espacio y el tiempo, la filosofía es una suerte de condición atmosférica que puede surgir súbitamente, en cualquier sitio y en cualquier momento. Puede reinar sobre los conocimientos humanos durante un tiempo, pero también desaparecer abruptamente por razones a menudo misteriosas, exactamente así como la dulzura de un día de primavera o una tempestad pueden desvanecerse bruscamente. En este sentido, la idea de una historia progresiva o incluso no lineal del pensamiento, tanto como la de la existencia de un archivo, de un canon o de un patrimonio de obras o de textos filosóficos, son ilusiones: no hay sino una meteorología del pensamiento en el sentido originario, aristotélico del término; de una ciencia consagrada a la larga lista de fenómenos naturales "que se producen siguiendo leyes naturales" pero en "condiciones menos regulares que la de los elementos primeros de los cuerpos", como "los vientos y los temblores de la tierra", o "la caída del rayo, los huracanes, la tempestades". Las ideas y los conceptos "filosóficos" no son conocimientos específicos que se imponen a otras formas de conocimiento o de ideas, sino una suerte de movimiento que concierne al elemento propio de la razón y del conocimiento, un cierto clima, una configuración inestable y no obstante potente de conocimientos actuales; al igual que el viento, las nubes, la lluvia no son elementos que se agregan a los que existen en el mundo sino simplemente su modificación contingente o la manifestación de su potencia y su influencia sobre nosotros. Del mismo modo que una cierta temperatura, una cierta luz y todo nuevo agenciamiento de elementos naturales pueden cambiar el aspecto de un lugar y decidir su habitalidad, también todo acontecimiento filosófico modifica el agenciamiento de los conocimientos y de los saberes de un contexto histórico para así cambiar radicalmente el modo de existencia. Antes que nada, se trata de una evidencia epistemológica: la filosofía es atmosférica porque la verdad existe siempre bajo forma de atmósfera. Es solamente en la mixtura con el resto de los elementos que toda cosa encuentra su identidad: la atmósfera es más verdadera que la esencia. Inversamente, si la filosofía prefiere la atmósfera a la esencia es porque ella es la forma extrema de la totalidad de los elementos. En ese sentido, la naturaleza *atmosférica* del conocimiento filosófico se manifiesta en su forma y en la imposibilidad de reducirla a un saber definido por un objeto, un método o un estilo específico que excluiría a los otros.

De la misma manera, es estrictamente imposible reconocer alguna continuidad estilística de un libro filosófico con otro. La filosofía ha practicado, a lo largo de su historia, todos los géneros literarios disponibles, de la novela al poema, del tratado al aforismo, del cuento a la fórmula matemática. Según la tradición, toda forma simbólica es *ipso facto* filosófica y ninguna tiene el derecho de reivindicar una capacidad superior para alcanzar la verdad; ningún estilo de escritura es más apropiado para la filosofía que otro. Desde este punto de vista, el fetichismo académico contemporáneo, por el incierto volapük del ensayo con notas a pie de página, no tiene ninguna razón de ser. Un film, una escultura, una canción pop, pero también una piedra, una nube, una seta pueden ser *filosóficos* con la misma intensidad que un tratado de geología, la *Crítica de la razón pura* o un adagio pronunciado con la falsa negligencia del dandy.

Imposible, en fin, destilar un método único; el único método es un amor extremadamente intenso por el saber, una pasión salvaje, bruta e indomable por el conocimiento bajo todas sus formas y en todos sus objetos. La filosofía es el conocimiento bajo el imperio del Eros, el más indisciplinado y el más temible de todos los dioses. No podrá ser jamás una disciplina: al contrario, es en lo que deviene el saber humano una vez que se reconoce que no hay disciplina posible, ni moral ni epistemológica. Afirmar lo contrario, ligar la filosofía a una serie de cuestiones ya fijadas, a problemas que le serían propios, significa confundirla con una doctrina escolástica. Es por esto que una idea no podrá jamás encontrarse en los archivos: ella encarna el punto de clivaje de toda tradición, el *clinamen* al interior de toda disciplina que le permite a un saber específico devenir paradigma, ejemplo. Es el ideal opuesto a la atopía socrática: el pensamiento filosófico no está en ninguna parte, está en todos lados. Como una atmósfera.

Tuve la idea de este libro durante una visita al templo de Fushimi Inari en Kyoto, en marzo de 2009, con Davide Stimilli y Shinobu Iso. Pero fue necesario esperar mi estadía de un año en la Italian Academy for Advanced Studies in America de la Columbia University de New York para poder llevarla adelante y contar con el tiempo necesario para su redacción.

Quisiera agradecer a David Freedberg y Barbara Faedda que me han cálidamente acogido y, con atención y amistad, han mantenido numerosos intercambios humanos y científicos. Sin la discusión y el sostén cotidiano de Fabián Ludueña Romandini, nada hubiera sido posible. Caterina Zanfi ha cumplido un rol principal en la génesis de este libro: le agradezco profundamente. A Guido Giglioni le debo el descubrimiento de la larga tradición naturalista del Renacimiento y primera modernidad.

Nora Philippe ha leído y comentado una versión preliminar del manuscrito; sus críticas y sugerencias han sido decisivas.

Las conversaciones entre Paris y New York con Frédérique Aït-Touati, Emmanuel Alloa, Marcello Barison, Chiara Bottici, Cammy Brothers, Barbara Carnevali, Dorothée Charles, Emanuele Clarizio, Michela Coccia, Emanuele Dattilo, Chiara Franceschini, Daniela Gandorfer, Donatien Grau, Peter Goodrich, Camille Henrot, Noreen Khawaja, Alice Leroy, Henriette Michaud, Philippe-Alain Michaud, Christine Rebet, Olivier Souchard, Michele Spanò, Justin Steinberg, Peter Szendy y

Lucas Zwirner han sido fundamentales. Lidia Breda ha sostenido y acompañado este proyecto desde el inicio con la amistad y la fuerza de la que solo ella es capaz, le agradezco infinitamente. Finalmente agradezco a Renaud Paquette que le ha borrado a mi francés toda marca de tartamudeo y le ha permitido a mi manuscrito respirar.

Este libro está dedicado a la memoria de mi hermano gemelo Matteo: con él y a su lado comencé a respirar.

* **Nota de edición:** el director de la colección desea dejar constancia de su agradecimiento a Belisario Zalazar por sus sugerencias a la hora de la organización de las notas.

— I —
Prólogo

1   En la modernidad, la única excepción es la obra maestra de Gustav Fechner, *Nanna oder über das Seelenleben der Pflanzen*, Leipzig, L. Voss, 1848. Ante este silencio, comienza a elevarse la voz de un pequeño número de investigadores e intelectuales al punto de que algunos hablan de un *plant turn*. Elaine P. Miller, *The Vegetative Soul: From Philosophy of Nature to Subjectivity in the Feminine*, New York, State University of New York Press, 2002; Matthew Hall, *Plants as Persons: A Philosophical Botany*, New York, State University of New York Press, 2011; Eduardo Kohn, How *Forests Think: Toward an Anthropology Beyond the Human*, Berkeley, California University Press, 2013; Michael Marder, *Plant Thinking: A Philosophy of Vegetal Life*, New York, Columbia University Press, 2013; *Id.*, *The Philosopher's Plant: An Intellectual Herbarium*, New York, Columbia University Press, 2014; Jeffrey Nealon, Plant *Theory: Biopower and Vegetable Life*, New York, Columbia University Press, 2015. Con raras excepciones, esta literatura se obstina en buscar en la literatura puramente filosófica o antropológica una verdad sobre las plantas, sin ponerse en comunicación con la reflexión botánica contemporánea que, por el contrario, ha producido inmensas obras maestras de filosofía de la naturaleza. Por solo mencionar las que más me marcaron: Agnes Arber, *The Natural Philosophhy of Plant Form*, Cambridge, Cambridge University Press, 1950; David Beerling, *The Emerald Planet. How Plants Changed Earth's History*, Oxford, Oxford University Press, 2007; Daniel Chamovitz, *What a Plant Knows: A Field Guide to the Senses*, New York, Scientific American/Farrar, Straus & Giroux, 2012; E.J.H. Corner, *The Life of Plants*, Cleveland, Ohio, World, 1964; Karl J. Niklas, *Plant Evolution. An introduction to the History of Life*, Chicago, The University of Chicago Press, 2016; Sergio Stefano Tonzig, *Letture di biologia vegetale*, Milan, Mondadori, 1975; François Hallé, *Éloge de la plante. Pour une nouvelle biologie*, Paris, Seuil, 1999; Stefano Mancuso y Alessandra Viola, *Verde brillante. Sensibilità e intelligenza nel mondo vegetale*, Florence, Giunti, 2013. El interés por las plantas también es central en la antropología americana contemporánea, a partir de la fulminante obra maestra (en verdad, centrada sobre una seta) de Anna

Lowenhaupt Tsing, *The Mushroom at the End of the World: On the Possibility of Life in Capitalist Ruins*, Princeton University Press, Princeton, 2015 y del trabajo de Natasha Myers, que igualmente prepara un libro sobre el tema. Cf. Natasha Myers (with Carla Hustak) «Involutionary Momentum: Affective Ecologies and the Sciences of Plant/Insect Encounters», *Differences: a journal of feminist cultural studies* 23(3) 2012, pp. 74-117.

2   François Hallé, *Éloge de la plante, op. cit.*, p. 321. Con Karl J. Niklas, François Hallé es el botánico que más se ha esforzado por hacer de la contemplación de la vida de las plantas un objeto propiamente metafísico.

3   Karl J. Niklas, *Plant Evolution: An Introduction to the History of Life, op. cit.*, p. viii.

4   W. Marshall Darley, «The Essence of "Plantness"», *The American Biology Teacher*, vol. 52, n° 6, sept. 1990, p. 356: «as animals, we identify much more immediately with other animals than with plants».

5   Entre las más célebres, ver Peter Singer, *La Libération animale*, Paris, Payot, coll. «Petite Bibliothèque Payot», 2012 y Jonathan Safran Foer, *Faut-il manger les animaux?*, Paris, L'Olivier, 2011. Sin embargo, el debate es muy antiguo: ver las dos grandes obras de la Antigüedad, la de Plutarco *Manger la chair*, Paris, Rivages, coll. «Petite Bibliothèque Rivages», 2002; y la de Porfirio, *De l'abstinence*, 3 vol. Paris, Les Belles Lettres, 1977-1975. Sobre la historia del debate, ver Renan Larue, *Le Végétarisme et ses ennemis. Vingt-cinq siècles de débats*, Paris, PUF, 2015. El debate animalista, que está fuertemente impregnado de un moralismo extremadamente superficial, parece olvidar que la heterotopía presupone la muerte provocada de otros vivientes como una dimensión natural y necesaria de todo ser viviente.

6   Giorgio Agamben, *L'Ouvert. De l'homme et de l'animal*, Paris, Rivages, coll. «Petite Bibliothèque Rivages», 2006.

7   El debate sobre los derechos de las plantas existe de manera muy minoritaria, al menos desde el célebre capítulo XXVII de Samuel Butler, *Erewhon ou De l'autre côté des montagnes*, Paris, Gallimard, 1981 (titulado *The Views of an Erewhonian Prophet concerning the Rights of Vegetables)* y hasta el clásico artículo de Christopher D. Stone, «Should Trees have Standing? Toward Legal Rights for Natural Objects», *Southern California Law Review*, 45, 1972, pp. 450-501. Sobre estas cuestiones, ver el útil resumen de los debates filosóficos en Michael Marder, *Plant-Thinking, op. cit.*, y la posición de Matthew Hall, *Plants as Persons, op. cit.*

8   W. Marshall Darley, «The Essence of "Plantness"», art. cit., p. 356. Ver también J.L. Arbor, «Animal Chauvinism, Plant-Regarding Ethics And The Torture Of Trees», *Australian journal of philosophy*, vol. 64, n° 3, sept. 1986, pp. 335-369.

9   François Hallé, *Éloge de la plante, op. cit.*, p. 325.

10 Sobre la cuestión de los sentidos de las plantas, ver Daniel Chamovitz, *What a Plant Knows, op. cit.*; Richard Karban, *Plant Sensing and Communication*, Chicago, The University of Chicago Press, 2015. No obstante, el límite de estas investigaciones reside en la obstinación por querer "encontrar" órganos "análogos" a lo que hacen posible la percepción en los animales, sin esforzarse en imaginar, a

partir de las plantas y de su morfología, otra forma posible de existencia de la percepción, otra manera de pensar la relación entre sensación y cuerpo.

11   W. Marshall Darley, «The Essence of "Plantness"», art. cit., p. 354. La cuestión de la superficie y de la exposición al mundo es central en Gustav Fechner, *Nanna oder über das Seelenleben der Pflanzen, op. cit.*; y en François Hallé, *Éloge de la plante, op. cit.* Sobre la cuestión de la relación con el mundo, ver el bello libro de Michael Marder, *Plant-Thinking, op. cit.*, que representa la obra filosófica más profunda sobre la naturaleza de la vida vegetal.

12   Julius Sachs, *Vorlesungen über Pflanzen-Physiologie*, Leipzig, Verlag Wilhelm Engelmann, 1882, p. 733.

13   Anthony Trewavas, «Aspects of Plant Intelligence», *Annals of Botany*, 92 (1), 2003, pp. 1-20, p. 16, para la presente cita. Ver también su obra maestra, *Plant Behaviour and Intelligence*, Oxford, Oxford University Press, 2014.

14   Aristóteles, *De anima* 414a 25.

15   T. M. Lenton, T.W. Dahl, S.J. Daines, B. J. W. Mills, K. Ozaki, M.R. Saltzman y P. Porada, «Earliest land plants created modern levels of atmospheric oxygen», *Proceedings of the National Academy of Sciences*, 113 (35), 2016, pp. 9704-9709.

16   Es la razón por la que las plantas son una fuente de inspiración importante para el dibujo. Ver el libro de Renato Bruni, *Erba Volant. Imparare l'innovazione dalle piante*, Turin, Codice Edizioni, 2015. Sobre la ingeniería y la física vegetal, cf. las obras fundamentales de Karl J. Niklas, *Plant Biomechanics. An Engineering Approach to Plant Form and Function*, Chicago, The University of Chicago Press 1992, *Id.*, *Plant Allometry. The Scaling of Form and Process*, Chicago, The University of Chicago Press, 1994; Karl J. Niklas and Hanns-Christof Spatz, *Plant Physics*, Chicago, The University of Chicago Press, 2012.

17   Sobre la noción de semilla en la filosofía de la naturaleza de la modernidad, ver el excelente libro de Hiro Hirai, *Le Concept de semence dans les théories de la matière à la Renaissance. De Marsile Ficin à Pierre Gassendi*, Turnout, Brepols, 2005.

18   Giordano Bruno, *De la causa, principio et uno*, Giovanni Aquilecchia (ed.), Turin, Einaudi, 1973, pp. 67-68; tr. fr. Giordano Bruno, *Cause, principe et unité*, traduit par Émile Namer, Paris, PUF, 1982, pp. 89-91.

19   Se podría objetar que esta no es la primera vez. Según la tradición, es Sócrates quien primero impone a la filosofía «olvidar la naturaleza en su totalidad, [para] ocuparse de cuestiones morales (*peri ta ethika*)» (Aristóteles, *Métaphysique*, 987b 2). Es gracias a él que Platón tuvo la fuerza de «destituir la filosofía de los cielos para colocarla en las ciudades, e introducirla en los hogares [para] investigar sobre la vida, los hábitos, el bien y el mal» (Cicéron, *Tusculanes* V, IV 10). Ver también *Academica I, IV*, 15.

20   Ver, por ejemplo, Iain Hamilton Grant, «Everything is Primal Germ or Nothing is: The Deep Field Logic of Nature», *Symposium: Canadian Journal of Continental Philosophy*, 19(1), 2015, pp. 106-124.

21 El establecimiento de la especialización en las universidades está construido sobre un dispositivo de ignorancia recíproca: ser un especialista no significa disponer de más conocimiento sobre un tema, sino tener que obedecer a la obligación jurídica de ignorar las otras disciplinas.

22 Mario Untersteiner, *I Sofisti. Testimonianze e Frammenti*, vol. I, Florence, La Nuova Italia, 1949, p. 148, B2.

23 Los admirables intentos de la antropología por repatriar *ex-post* la naturaleza al interior de las ciencias humanas, estando al acecho de todo movimiento que permitiría humanizarla nuevamente o *socializarla*, parecen ser, en este sentido, la expresión más ingenua de una respuesta que llega tarde. Porque en todos estos intentos la naturaleza queda del lado de lo *no-humano*, sin especificar a qué se llamaría lo humano (¿cómo estar seguros después de Darwin?) ni en qué lo no humano se opondría al hombre (¿la razón?, ¿la palabra?, ¿el espíritu?). Lo no-humano, entonces, no es más que un nuevo nombre, más sofisticado, de resonancias más antiguas: «bestias», «irracional», «*amens*». Ya Platón había prevenido contra esta repartición (*Politique*, 263d): «si, entre los demás animales, hay uno que esté dotado de inteligencia, como parece ser la grulla o alguna bestia del mismo género, y que dicha grulla distribuyera los nombres como acabas de hacerlo, pondría sin dudas a las grullas como una especie separada de otros animales, haciendo así honor a sí misma, y agrupando todo el resto, incluyendo a los hombres, en una misma clase, sin dudas no les daría otro nombre que el de bestias». El presupuesto protagórico parecería informar e inspirar también el movimiento opuesto de asimilación, aquel que se obstina en asimilar los animales al hombre donde los atributos considerados como específicamente humanos pertenecerían a otras especies animales. En ese caso también se han decidido previamente los contornos de lo humano y considerado lo natural como su resto, a riesgo de precipitarse para luego negar ese mismo reparto dialéctico. ¿Entonces cómo «prevenirnos contra todos los defectos de este género»?

24 Es una de las grandes enseñanzas de la obra de Bruno Latour, a partir de sus grandes obras maestras *La Science en action* (Paris, La Découverte, 1989) y *Nous n'avons jamais été modernes* (Paris, La Découverte, 1991). Sobre la cuestión de la mediación técnica desde un punto de vista moral cf. el bello libro de Peter-Paul Verbeek, *Moralizing Technology: Understanding and Designing the Morality of Things*, Chicago, The University of Chicago Press, 2011.

25 Sobre esta cuestión ver el clásico de Walter Biemel, *Le Concept de monde chez Heidegger*, Paris/Louvain, Vrin/Nauwelaerts, 1950. Sobre la noción de mundo en filosofía ver la obra maestra de Rémy Brague, *La Sagesse du monde. Histoire de l'expérience humaine de l'univers*, Paris, Fayard, 1999.

26 Jakob von Uexküll, *Milieu animal et milieu humain*, Paris, Rivages, coll. «Bibliothèque Rivages», 2010.

— II —
Teoría de la hoja

1   Sergio Stefano Tonzig, *Sull'evoluzione biologica. (Ruminazioni e masticature)*, manuscrito privado (propr. Giovanni Tonzig), p. 18.

2   Se trata de una idea que se remonta a Goethe y a su *Essai sur la métamorphose des plantes*, Stuttgart, Cotta, 1831, p. 97: «Aunque la planta crezca, florezca o dé frutos, siempre son los mismos órganos que cumplimentan la intención de la Naturaleza con diversos destinos y bajo formas a menudo muy modificadas. El mismo órgano que se extendió sobre el tallo bajo el estado de hoja y tomó las formas más diversas, se contrae luego en un cáliz, se extiende de nuevo en pétalos, se contrae para producir el estambre y por fin se dilata una última vez para pasar al estado de fruta». Cf. también Lorenz Oken, *Lehrbuch der Naturphilosophie, Dritter Theil. Erstes und zweites Stück, Pneumatologie. Vom Ganzen im Einzelnen, Frommann*, Jena, 1810, p. 72: «una hoja es una planta entera con todos los sistemas y formaciones, con las fibras, las células, los tallos, los nudos, las ramas, la corteza». Sobre la historia de este debate ver el clásico de Agnes Arber, *The Natural Philosophy of Plant Form, op. cit.*, y sus ensayos «The Interpretation of Leaf and Root in the Angiosperms», *Biological Review*, vol. XVI, 1941, pp. 81-105; y «Goethe's Botany», *Chronica Botanica*, vol. X, n° 2, pp. 63-126. Ver también el texto de H. Uittien, «Histoire du problème de la feuille», *Recueil des travaux botaniques néerlandais*, vol. 36, n° 2, 1940, pp. 460-472. Para una discusión más actual de la cuestión, ver R. Sattler (ed.), *Axioms and Principles of Plant Construction Proceedings of a Symposium held at the International Botanical Congress (Sydney, Australia, August, 1981)*, Dordrecht, Springer, 1982; N. Sinha, «Leaf Development in Angiosperms», *Annual Review Plant Physiology And Molecular Biology*, n° 50, 1999, pp. 419-446; y H. Tsukaya, «Comparative Leaf Development in Angiosperms», *Current Opinion in Plant Biology*, n° 17, 2014, pp. 103-109. Para una síntesis sobre la biología de la hoja, ver el excelente libro de Steven Vogel, *The Life of a Leaf*, Chicago, The University of Chicago Press, 2012.

3   *Ibid.*, p. 31.

4   El equipo estuvo conformado por Edward B. Daeschler, Farish A. Jenkins y Neil H. Shubin. Ver Ahlberg, Per Erik y Jennifer A. Clack, «Palaeontology: A Firm Step from Water to Land», *Nature*, 440.7085, 2006, pp. 747-749; Daeschler, Edward B., Neil H. Shubin y Farish A. Jenkins, «A Devonian Tetrapod-like Fish and the Evolution of the Tetrapod Body Plan», *Nature* 440.7085, 2006, pp. 757-763; Shubin, Neil H., Edward B. Daeschler y Farish A. Jenkins, «The Pectoral Fin of Tiktaalik roseae and the Origin of the Tetrapod Limb», *Nature* 440.7085, 2006, pp. 764-771; N. Shubin, *Your Inner Fish: The Amazing Discovery of our 375-million-year-old Ancestor*, Londres, Penguin Books, 2009.

5   Stanley L. Miller y Urey Harold Clayto, «Organic Compound Synthesis on the Primitive Earth», *Science*, vol. 130, n° 3370, 1959, pp. 245-251. La experiencia confirma la tesis abiogenética adelantada por Oparin y Haldane.

6	La idea del caldo primigenio aparece primeramente en una carta de Darwin al botánico Joseph D. Hooker del 1 de febrero de 1871, donde habla de un «pequeño estanque caliente», y reaparece en los escritos de Oparin y de Haldane, donde se menciona un «caldo caliente diluido» (*hot dilute soup*) como primer medio de la vida. Ver J.B.S. Haldane, «The Origin of Life», *Rationalist Annual*, 148, 1929, pp. 3-10; y Aleksandr I. Oparin, *The Origin of Life*, New York, The Macmillan Company, 1938. Sobre la cuestión, ver A. Lazcano, «Historical Development of Origins Research», *Cold Spring Harbor Perspectives in Biology*, 2(11): a002089 doi: 10.1101/cshperspect.a002089; Iris Fry, *The Emergence of Life on Earth: A Historical and Scientific Overview*, New Brunswick, NJ Rutgers University Press, 2000.

7	Es la auténtica significación filosófica del libro de René Quinton, *L'Eau de mer en milieu organique. Constance du milieu marin originel comme milieu vital des cellules, à travers la série animale*, Paris, Masson 1904. Ver p. v: «Este libro establecerá sucesivamente los siguientes dos puntos: 1) La vida animal, en estado de célula, ha aparecido en el mar. 2) A través de la serie zoológica, la vida animal siempre ha tendido a mantener las células que componen un organismo en un medio marino, de manera que, salvo excepciones evidentemente insignificantes y que parecen referirse a especies inferiores y apartadas, todo organismo animal es un verdadero acuario marino, donde continúan viviendo, en las condiciones acuáticas de los orígenes, las células que lo constituyen».

8	Sobre la cuestión, la bibliografía es inmensa. Ver *Plants Invade the Land - Evolutionary & Environmental Perspectives*, Patricia G Gensel y Dianne Edwards (eds.), New York, Columbia University Press, 2001; *The Terrestrialization Process: Modelling Complex Interactions at the Biosphere-geosphere Interface*, M. Vecoli, G. Clément y B. Meyer-Berthaud (eds.), Londres, The Geological Society, 2010; Joseph E. Armstrong, *How the Earth Turned Green: A Brief 3.8- Billion-Year History of Plants*, Chicago, The University of Chicago Press, 2014. Ver también los manuales de historia evolutiva de las plantas; entre otros K.J. Willis, *The Evolution of Plants*, Oxford, Oxford University Press, 2002, sobretodo el cap. II y III; y T.N. Taylor, E.L. Taylor, M. Krings, *Paleobotany: The Biology and Evolution of Fossil Plants*, Burlington/Londres/San Diego/New York, Elsevier/Academic Press, 2009. Entre los estudios más recientes, ver J.A. Raven, «Comparative Physiology of Plant and Arthropod Land adaptation», *Philosophical Transactions of the Royal Society London*, B 309, 1985, pp. 273-288; Paul Kenrick y Peter R. Crane, «The Origin and Early Evolution of Plants on Land», *Nature*, 389 (6646), 1997, pp. 33-39 DOI: 10.1038/37918; M.R. Gibling y N.S. Davies, «Paleozoic Landscapes Shapes by Plants Evolution», *Nature Geosciences*, 5, 2012, pp. 99-105.

9	Como escribió Karl J. Niklas, la afirmación de la vida vegetal ha sido una invasión del aire más que de la tierra. Ver su obra magistral: *The Evolutionary Biology of Plants*, Chicago, University of Chicago Press, 1997.

10	R.B. MacNaughton, J.M. Cole, R.W. Dalrymple, S.J Braddy, D.E.G. Briggs, T.D. Lukie, «First Steps on Land: Arthropod Trackways in Cambrian-Ordovician Eolian Sandstone, Southeastern Ontario, Canada», *Geology*, vol. 30, 2002, pp. 391-394.

11 S.J. Braddy, «Eurypterid Palaeoecology: Palaeobiological, Ichnological and Comparative Evidence for a "Mass-moult-mate" hypothesis», *Palaeogeography, Palaeoclimatology, Palaeoecology*, 172, 2001, pp. 115-132.

12 Sobre esta cuestión la bibliografía es inmensa. Las intuiciones fundamentales de P.E. Cloud, «Atmospheric and Hydrospheric Evolution on the Primitive Earth», *Science*, 160, 1972, pp. 729-736 ; y de Heinrich D. Holland, «Early Proterozoic Atmospheric Change», en *Early Life on Earth*, S. Bengston (ed.), New York, Columbia University Press, 1994, pp. 237-244 ; *Id.*, «The Oxygenation of the Atmosphere and Oceans», *Philosophical Transactions of the Royal Society: Biological Sciences*, vol. 361, 2006, pp. 903-915; *Id.*, «Why the Atmosphere became Oxygenated: A Proposal», *Geochimica et Cosmochimica Acta*, 73, 2009, pp. 5241-5255. El bellísimo libro de Donald E. Canfield, *Oxygen. A Four Billion Year History*, Princeton, Princeton University Press, 2014, permite orientarse. Para una explicación del Gran acontecimiento oxidativo a partir de causas geológicas, ver entre otras M. Wille, J.D. Kramers, T.F. Nagler, N.J. Beukes, S. Schroder, T. Meisel, J.P. Lacassie, A.R. Voegelin, «Evidence for a Gradual rise of Oxygen between 2.6 and 2.5 Ga from Mo Isotopes and Re-PGE Signatures in Shales», *Geochimica et Cosmochimica Acta*, 71, 2007, pp. 2417-2435. Para una explicación biológica, ver entre otras: T.J. Algeo, R.A. Berner, J.B. Maynard, S.E. Scheckler, «Late Devonian Oceanic Anoxic Events and Biotic Crises: Rooted in the Evolution of Vascular Land Plants?», *GSA Today*, 5, 1995, pp. 63-66; J.L. Kirschvink, R.E. Kopp, «Paleoproterozoic Ice Houses and the Evolution of Oxygen-mediating Enzymes: The Case for a Late Origin of Photosystem II», *Philosophical Transaction of the Royal Society*, B 363, 2008, pp. 2755-2765.

13 Ver la literatura citada en la nota precedente.

14 Sobre el concepto de atmósfera, ver Craig Martin, «The Invention of Atmosphere», *Studies in History and Philosophy of Science*, A 52, 2015, pp. 44-54.

15 Ver Jakob von Uexküll, *Mondes animaux et monde humain*, Paris, Pocket, 2004, pp. 13-15.

16 *Ibid.*, p. 15. Ver también Jakob von Uexküll, *Theoretische Biologie*, 2° ed., Berlin, J. Springer, 1928, p. 62: «El espacio alrededor de cada animal es una burbuja de jabón al interior de la cual tienen lugar sus acciones».

17 Jakob von Uexküll, *Theoretische Biologie*, *op. cit.*, p. 42.

18 Jakob von Uexküll, *Mondes animaux et monde humain*, *op. cit.*, p. 29.

19 Jakob von Uexküll, *Die Lebenslehre*, Potsdam, Müller & Kiepenheuer, 1930, p. 134.

20 F.J. Odling-Smee, K.N. Laland y M.W. Feldman, *Niche Construction: The Neglected Process in Evolution*, Princeton, Princeton University Press, 2003. La teoría de la construcción de nichos le debe mucho a los escritos de R.C. Lewontin, «Organism and Environment», en H.C. Plotkin (ed.), *Learning, Development and Culture*, New York, Wiley, 1982, pp. 151-170; *Id.*, «The Organism as the Subject and Object of Evolution», *Scientia*, vol. 118, 1983, pp. 65-82; *Id.*, «Adaptation», en Richard Levins y Richard Lewontin (eds.), *The Dialectical Biologist*, Cambridge,

Harvard University Press, 1985, pp. 65-84. Para afinar la cuestión, ver Sonia E. Sultan, *Organism and Environment: Ecological Development, Niche Construction and Adaptation*, Oxford, Oxford University Press, 2015.

21   Kevin N. N.Laland, «Extending the Extended Phenotype», *Biology and Philosophy*, vol. 19, 2004, pp. 313-325; K.N. Laland, J.F. Odling-Smee, M.W. Feldman, «Evolutionary Consequences of Niche Construction and their Implications for Ecology», *Proceedings of the National Academy of Sciences*, vol. 96, 1999, pp. 10242-10247; K.N. Laland, J.F. Odling-Smee, S.F. Gilbert, «EvoDevo and Niche Construction: Building Bridges», *Journal of Experimental Zoology*, 310, 2008, pp. 549-566.

22   George G. Brown, Christian Feller, Eric Blanchart, Pierre Deleporte, Sergeï S. Chernyanskii, «With Darwin, Earthworms turn Intelligent and become Human Friends», *Pedobiologia*, vol. 47, 2004, pp. 924-933.

23   Charles Darwin, *The Formation of Vegetable Mould, through the Action of Worms, with Observations on their Habits*, Londres, John Murray, 1881, p. 305.

24   *Ibid.*, pp. 308-309.

25   *Ibid.*, pp. 308-309.

26   *Ibid.*, p. 312.

27   Kim Sterenly, «Made By Each Other: Organisms and Their Environment», *Biology and Philosophy*, vol. 20, 2005, pp. 21-36.

28   La literatura sobre la cultura animal se ha vuelto considerable. Ver, entre otras, G.R. Hunt y R.D. Gray, «Diversification and Cumulative Evolution in New Caledonian Crow Tool Manufacture», *Proceedings of the Royal Society*, B 270, 2003, pp. 867-874; K.N. Laland y W. Hoppitt, «Do Animals have Culture?», *Evolutionary Anthropology*, vol. 12, 2003, pp. 150-159 ; K.N. Laland y B.G. Galef Jr (ed.), *The Question of Animal Culture*, Cambridge, Harvard University Press, 2009; L. Rendell, H. Whitehead, «Culture in Whales and Dolphins», *Behaviour and Brain Sciences*, vol. 24, 2001, pp. 309-324; D.F. Sherry y B.G. Galef Jr, «Social Learning without Imitation», *Animal Behaviour*, vol. 40, 1990, pp. 987-989; A. Whiten y C.P. Van Schaik, «The Evolution of Animal "cultures" and Social Intelligence», *Philosophical Transactions of the Royal Society*, B 362, 2007, pp. 603-620. Una importante y original introducción es la de D. Lestel, *Les Origines animales de la culture*, Paris, Flammarion, 2001.

29   Ver F.J. Oldling-Smee, K.N. Laland y M.W. Feldman, *Niche Construction, op. cit.*, p. 13: «We call this second general inheritance system ecological inheritance. It comprises whatever legacies of modified natural selection pressures are bequeathed by niche constructing ancestaral organisms to their descendants. Ecological inheritance differs from genetic inheritance in several important respects».

30   K.N. Laland, «Extending the Extended Phenotype», p. 316: «Organisms not only acquire genes from their ancestors but also an ecological inheritance, that is, a legacy of natural selection pressures that have been modified by the niche

construction of their genetic or ecological ancestors. Ecological inheritance does not depend on the presence of any environmental replicators, but merely on the persistence, between generations, of whatever physical changes are caused by ancestral organisms in the local selective environments of their descendants. Thus ecological inheritance more closely resembles the inheritance of territory or property than it does the inheritance of genes».

31   G.F. Gause, *The Struggle for Existence*, Baltimore, Williams & Wilkins, 1934. Para la historia del concepto de nicho, ver Arnaud Pocheville, «The Ecological Niche: History and Recent Controversies», en Thomas Heams, Philippe Huneman, Guillaume Lecointre y Marc Silberstein (ed.), *Handbook of Evolutionary Thinking in the Sciences*, New York, Springer, 2015, pp. 547-586.

32   Sobre la noción de influencia en ecología, ver el artículo clásico de Robert J. Naiman, «Animal Influences on Ecosystem Dynamics», *BioScience*, vol. 38, 1988, pp. 750-752, que reconoce la dificultad de limitar la amplitud de la acción de los vivientes sobre el medio: «As a general phenomenon, this process is complicated and difficult to study because many animal population cycles occur over long periods (i.e., decades); alterations to the ecosystem are apparently subtle over short periods (i.e., population cycles occur over long periods (i.e., decades); alterations to the ecosystem are apparently subtle over short periods (i.e., increased tree mortality or altered soil formation); and shifts in biogeochemical cycles or sediment and soil characteristics are not detectable over short periods (i.e., years). Nevertheless, these successional pathways often result in a heterogeneous landscape that would not occur under the dominating influence of climate and geology alone; they require the intervention of animal activity».

33   Ver el célebre ensayo de C.G. Jones, J.H. Lawton y M. Shachak, «Organisms as Ecosystem Engineers», *Oikos*, 69, 1994, pp. 373-386: «Ecosystem engineers are organisms that directly or indirectly modulate the availability of resources (other than themselves) to other species, by causing physical state changes in biotic or abiotic materials. In so doing they modify, maintain and/or create habitats. The direct provision of resources by an organism to other species, in the form of living or dead tissues is not engineering. Rather, it is the stuff of most contemporary ecological research, for example plant-herbivoroer predator-prey interactions food web studies and decomposition processes».

34   Charles Bonnet, *Recherches sur l'usage des feuilles dans les plantes. Et sur quelques autres sujets relatifs à l'histoire de la végétation*, Göttingen/Leyde, Elie Luzac, 1754, p. 47. Sobre todo lo que sigue, ver Leonard Kollender Nash, *Plants and the Atmosphere*, Cambridge, Harvard University Press, 1952; Howard Gest, «Sunbeams, Cucumbers, and Purple Bacteria: Historical Milestones in Early Studies of Photosynthesis Revisited», *Photosynthesis Research*, 19, 1988, pp. 287-308; *Id.*, «A "Misplaced Chapter" in the History of Photosynthesis Research; the Second Publication (1796) on Plant Processes by Dr Jan Ingenhousz, MD, Discoverer of Photosynthesis», *Photosynthesis Research*, 53, 1997, pp. 65-72; R. Govindjee y H. Gest (eds.), «Celebrating the millennium–historical highlights of photosynthesis research, Part 1», *Photosynthesis Research*, 73, 2001, pp. 1-308; R. Govindjee,

J.T. Beatty, H. Gest (eds.), «Celebrating the millennium – historical highlights of photosynthesis research, Part 2», *Photosynthesis Research*, 76, 2003, pp. 1-462; Jane Hill, «Early Pioneers of Photosynthesis Research», en J. Eaton-Rye, B.C. Tripathy y T.D. Sharkey (eds.), *Photosynthesis: Plastid Biology, Energy Conversion and Carbon Metabolism*, Dordrecht, Springer, 2012, pp. 771-800. Sobre la botánica en el siglo XVIII, ver el importante estudio de François Delaporte, *Le Second Règne de la nature. Essai sur les questions de végétalité au xviiie siècle*, Paris, Flammarion, 1979. Ver también el trabajo magistral de Claude Lance, *Respiration et photosynthèse. Histoire et secrets d'une équation*, Les Ulis, EDP Sciences, 2013. Para una introducción a las investigaciones actuales, ver Jack Farineau y Jean-François Morot-Gaudry, *La Photosynthèse. Processus physiques, moléculaires et physiologiques*, Versailles, Editions QUAE, 2011.

35   Joseph Priestley, «Observations on Different Kinds of Air», *Philosophical Transactions of the Royal Society of London*, 62, 1772, pp. 147-264, aquí p. 166.

36   *Ibid.*, p. 168.

37   *Ibid.*, p. 232.

38   *Ibid.*, p. 193.

39   Jan Ingenhousz, *Experiments upon Vegetables, Discovering their Great Power of Purifying the Common Air in the Sun-Shine, and of Injuring it in the Shade and at Night, to which is joined, a new Method of Examining the Accurate Degree of Salubrity of the Atmosphere*, Londres, Elmsly & Payne, 1779, p. 12. Sobre Ingenhousz, ver Geerdt Magiels, *From Sunlight to Insight: Jan Ingenhousz, the Discovery of Photosynthesis and Science in the Light of Ecology*, Bruxelles, VUBPress, Academic and Scientific Publishers, 2010.

40   *Ibid.*, p. 9

41   *Ibid.*, pp. 14-16.

42   *Ibid.*, p. 14.

43   *Ibid.*, p. 31.

44   Jean Senebier, *Mémoires physico-chimiques sur l'influence de la lumière solaire pour modifier les êtres des trois règnes de la nature*, Genève, Barthelemi Chirol, 1782.

45   Nicolas Théodore de Saussure, *Recherches chimiques sur la végétation*, Paris, chez la veuve Nyon, 1804.

46   Julius Robert von Mayer, *Die organische Bewegung im ihrem Zusammenhange mit dem Stoffwechsel. Ein Beitrag zur Naturkunde*, Heilbronn, Drechsel'sche Buchhandlung, 1845.

47   Ver los estudios pioneros que condujeron a la comprensión del dinamismo químico de la fotosíntesis: Robin Hill, «Oxygen Evolved by Isolated Chloroplasts», *Nature*, 139, 1937, pp. 881-882; *Id.*, «Oxygen Produced by Isolated Chloroplasts», *Proceedings of the Royal Society Biological Sciences*, B 127, 1939, pp. 192-210.

48   Arthur Lovelock, «Geophysiology. The Science of Gaia», *Reviews of Geophysics*, 27, 1989, pp. 215-222, aquí p. 216.

49   Sobre la historia de la noción de simbiosis, ver Olivier Perru, «Aux origines des recherches sur la symbiose vers 1868-1883», *Revue d'histoire des sciences*, 59 (1), 2006, pp. 5-27. Para la historia del concepto de simbiogénesis, ver el estudio de Liya Nikolaevna Khakhina, *Concepts of Symbiogenesis: A Historical and Critical Study of the Research of Russian Botanists*, New Haven, Yale University Press, 1992; y la tradición del clásico de Boris Mikhaylovich Kozo-Polyansky, *Symbiogenesis: A New Principle of Evolution*, Cambridge, Harvard University Press, 2010. Para las aproximaciones contemporáneas, ver los estudios magistrales de Lynn Margulis, *Symbiosis in Cell Evolution: Microbial Communities in the Archean and Proterozoic Eons*, 2° ed., New York, W. H. Freeman, 1993; *Id.*, *Symbiotic Planet: A New Look At Evolution*, New York, Basic Books, 1998.

50   Sobre este último punto, ver Allison L. Steiner *et alii.*, «Pollen as Atmospheric Cloud Condensation Nuclei», *Geophysical Research Letters*, 42, 2015, pp. 3596-3602.

51   Craig Martin, «The Invention of Atmosphere», art. cit.

52   Ver Filón de Ajenadría, *De confusione linguarum*, 184, II, Paul Wendland (ed.), *Philoni Alexandrini Opera quae supersunt*, vol. 2, Berlin, Reimer, 1897, p. 264 (S.V.F. II 472); Alexandre d'Aphrodise, *Sur la mixtion et la croissance (De mixtione)*, traducido por Jocelyn Groisard, Paris, Les Belles Lettres, 2013. Sobre la cuestión de la mixtura, ver la magnífica monografía de Jocelyn Groisard, *Mixis. Le problème du mélange dans la philosophie grecque d'Aristote à Simplicius*, Paris, Les Belles Lettres, 2016.

53   Es el presupuesto de la casi totalidad de los debates actuales en torno al realismo especulativo, que lamentablemente parece conocer exclusivamente los dos primeros conceptos de mundo, ignorando totalmente la idea de mundo como mixtura. Ver, entre otros, Quentin Meillassoux, *Après la finitude*, Paris, Seuil, 2006; y Markus Gabriel, *Pourquoi le monde n'existe pas*, Paris, JC Lattès, 2014.

54   Alejandro de Afrodisia, *Sur la mixtion et la croissance (De mixtione)*, op. cit., pp. 6-7.

55   Juan Estobeo, *Eclogarum physicarum et ethicarum libri duo*, I, XII, 4 (153.24 Wachsmut = SVF II 471). Cuando Georges Canguilhem escribe que «vivir es irradiar, es organizar el medio a partir de un centro de referencia que no puede ser referido sin perder su significación original», parafrasea inconscientemente el concepto histórico de *pneuma* (que tuvo vastas resonancias en el Renacimiento). Ver Georges Canguilhem, *La Connaissance de la vie*, Paris, Vrin, 2006, p. 188.

56   Manuscrito de la Dibner Collection MS. 1031 B, The Dibner Library of the History of Science and Technology, Smithsonian Institution Libraries, c. 3v: «Thus this Earth resembles a great animall or rather inanimate vegetable, draws in aethereall breath for its dayly refreshment & vitall ferment & transpires again with gross exhalations».

57 James Ephraim Lovelock y Lynn Margulis, «Biological Modulation of the Earth's Atmosphere», *Icarus, 21*, 1974, pp. 471-489, aquí p. 471; ver también *Id*. «Atmospheric Homeostasis by and for the Biosphere: the Gaia Hypothesis», *Tellus, 26*, 1974, pp. 2-10. Sobre la historia de la tesis de Gaïa, ver la detallada obra de Michael Ruse, *Gaia: Science on a Pagan Planet*, Chicago, University of Chicago Press, 2013.

58 J.E. Lovelock, L. Margulis, «Biological Modulation of the Earth's atmosphere», art. cit., p. 485.

59 J.-B. de Lamarck, *Hydrogéologie, ou Recherches sur l'influence qu'ont les eaux sur la surface du globe terrestre; sur les causes de l'existence du bassin des mers, de son déplacement et de son transport successif sur les différens points de la surface du globe; enfin sur les changemens que les corps vivans exercent sur la nature et l'état de cette surface*, Paris, Agasse et Maillard, 1802, p. 5.

60 *Ibid.*, pp. 167-168: «Los desechos de los cuerpos vivientes y de sus producciones se consumen sin cesar, se deforman y al final dejan de ser reconocibles [...]. Las aguas pluviales que mojan, que empapan, que lavan y que filtran, desprenden de esos desechos de cuerpos vivientes las moléculas integrantes de diversas maneras, favoreciendo las alteraciones que sufren entonces en su naturaleza, arrastrándolas, acarreándolas y llevándolas al estado que han alcanzado».

61 J.-B. de Lamarck, *Mémoires de physique et d'histoire naturelle, établis sur les bases de raisonnement indépendantes de toute théorie; avec l'explication de nouvelles considérations sur la cause générale des dissolutions; sur la matière de feu ; sur la couleur des corps ; sur la formation des composés; sur l'origine des minéraux, et sur l'organisation des corps vivans, lus à la première classe de l'Institut national dans ses séances ordinaires, suivis de Discours prononcé à la Société Philomatique le 23 floréal an V*, Paris, 1797, p. 386.

62 Ver el excelente texto de Jean-Baptiste Fressoz, «Circonvenir les circumfusa: la chimie, l'hygiénisme et la libé- ralisation des choses environnantes (1750-1850)», *Revue d'histoire moderne et contemporaine*, 56 (4), 2009, pp. 39-76.

63 Jean-Baptiste Boussingault y Jean-Baptiste Dumas, *Essai de statique chimique des êtres organisés*, Paris, Fortin Masson, 1842, pp. 5-6.

64 Vladimir I. Vernadski, *The Biosphere*, New York, Copernicus, 1998, p. 122. Sobre la posición de Vernadski en el interior de la historia del pensamiento ecológico, ver las primeras indicaciones de Jean-Paul Deléage, *Une histoire de l'écologie*, Paris, La Découverte, 1991, cap. IX.

65 *Ibid.*, p. 76.

66 *Ibid.*, p. 120.

67 *Ibid.*, p. 87.

68 *Ibid.*, p. 44. Ver también p. 47: «The biosphere may be regarded as a region of transformers that convert cosmic radiations into active energy in electrical, chemical, mechanical, thermal and other forms. Radiations from all stars enter

the biosphere, but we catch and perceive only an insignificant part of the total; this comes almost exclusively from the Sun».

69   *Ibid.,* p. 50.

70   *Ibid.,* p. 57.

71   Hipócrates, *Airs, eaux, lieux,* traducido del griego por Pierre Maréchaux, Paris, Rivages, coll. «Petite Bibliothèque Rivages», 1995.

72   Ver Montesquieu, *De l'esprit des lois,* 3e partie, livre XIV, cap. X, Paris, Flammarion, 1979, vol. I, p. 382: «Esas son las diferentes necesidades en los diferentes climas, que han formado las diferentes maneras de vivir; y esas diferentes maneras de vivir han formado diversas formas de leyes». Sobre la historia de la doctrina, ver Roger Mercier, «La théorie des climats des *Réflexions critiques à L'Esprit des lois*», *Revue d'histoire littéraire de la France,* vol. 58, 1953, pp. 17-37 y 159-175.

73   Johann G. Herder, *Ideen zur Philosophie der Geschichte der Menschheit,* en *Werke,* t. 6, Francfort-sur-le-Main, Deutsche Klassiker Verlag, 1989.

74   Watsuji Tetsurô, Fûdo, *Le Milieu humain,* traducido por Augustin Berque, Paris, CNRS Éditions, 2011. Sobre él, ver Robert N. Bellah, «Japan's Cultural Identity: Some Reflections on the Work of Watsuji Tetsurô», *The Journal of Asian Studies,* 24, 1965, pp. 573-594; Augustin Berque, «Milieu et logique du lieu chez Watsuji», *Revue philosophique de Louvain,* 92, 1994, pp. 495-550; Graham Mayeda, *Time, Space and Ethics in the Philosophy of Watsuji Tetsurô, Kuki Shuzo, and Martin Heidegger,* New York, Routledge, 2006.

75   Jean Baptiste Dubos, *Réflexions critiques sur la poésie et sur la peinture,* II parte, Paris Chez Jean Mariette 1719, p. 205.

76   Edme Guyot (ps Sieur de Tymogue), *Nouveau système du Microcosme ou Traité de la nature de l'homme,* La Haye, M. G. de Merville, 1727, p. 246.

77   Georg Simmel, *Sociologie. Études sur les formes de la socialisation,* Paris, PUF 1999, cap. IX, p. 639. Sobre Simmel, ver Barbara Carnevali, «*Aisthesis* et estime sociale. Simmel et la dimension esthétique de la reconnaissance», *Terrains/ Théories,* 4, 2016, en línea desde el 19 de agosto de 2016, consultado el 20 de agosto de 2016 [URL: http://teth.revues.org/686].

78   Peter Sloterdjik, *Sphères I: Bulles. Microsphérologie,* traduit de l'allemand par Olivier Mannoni, Paris, Pauvert, 2002, p. 52.

79   *Ibid.,* p. 51.

80   Gernot Böhme, «Atmosphere as the Fundamental Concept of a New Aesthetics», *Thesis Eleven,* 36, 1993, pp. 113-126, aquí p. 113. Del mismo autor, ver también la obra clásica *Atmosphäre: Essays zur Neuen Ästhetik,* Francfortsur-le-Main, Surhkamp, 1995. Para un panorama de este concepto, ver Tonino Griffero, *Atmospheres. Aesthetics of Emotional Spaces,* Farnham, Ashgate, 2014. Para una lectura radical del concepto de atmósfera desde el punto de vista del derecho, ver la importantísima obra de Andreas Philippopoulos-Mihalopoulos, *Spatial Justice: Body, Lawscape, Atmosphere,* Londres, Routledge, 2015.

81   Léon Daudet, *Mélancholia*, Paris, Bernard Grasset, 1928, p. 32. Sobre Daudet, ver Barbara Carnevali, «"Aura" e "Ambiance": Léon Daudet tra Proust e Benjamin», *Rivista di Estetica*, 46, 2006, pp. 117-141.

82   *Ibid.*, p. 16.

83   *Ibid.*, p. 86.

84   *Ibid.*, p. 25.

85   En *Bulles. Sphères I*, Paris Fayard/Pluriel, 2010, Peter Sloterdijk ha utilizado la imagen de la imbricación recíproca (que reconoce pertenecer al «linaje de filósofos estoicos de la mixtura de los cuerpos») pero prefiere concentrarse en la versión teológica proporcionada por Juan Damasceno de la *pericoresis* de las tres personas trinitarias. Esta elección está cargada de consecuencias. En primer lugar, a diferencia de lo que Sloterdijk escribe, la mixtura divina no "ha considerado expresar la imbricación no jerárquica y no exclusiva de las sustancias en la misma sección de espacio" (*Bulles*, p. 645): al contrario, toda la tradición neoplatónica primero, y cristiana luego, intentará introducir un orden jerárquico en el concepto de mixtura (Dios Padre no es y no podrá estar en el mismo plano que el espíritu). Además, en las dos tradiciones, se trata de limitar la posibilidad de mixtura a las sustancias espirituales, de hacer de la mixtura una propiedad principalmente de los espíritus y no de los cuerpos en tanto que tales: la mixtura de Sloterdijk es pues un espacio puramente antropológico (o teológico), la figura de una relación espiritual entre sujetos acósmicos y no la fisiología ordinaria de todo ser mundano. Es también la razón por la que parece ignorar o desestimar la importancia de la referencia anaxagórica. Sobre la recepción del concepto de mixtura en el neoplatonismo y en la teología cristiana cf. las importantes páginas de J. Groysard, *Mixis. op. cit.*, pp. 225-292.

86   Agustín, *Confessions*, X, 15-16.

87   En este sentido, la aproximación de Schelling también nos parece insuficiente. Sobre la filosofía de la naturaleza de Schelling y del idealismo alemán, ver el bello volumen de Iain Hamilton Grant, *Philosophy of Nature after Schelling*, Londres, Bloomsbury, 2006.

88   Natasha Myers, «Photosynthesis», en *Theorizing the Contemporary, Cultural Anthropology* [http://culanth.org/ fieldsights/790-photosynthesis].

89   Es también la tesis del excelente libro de Christophe Bonneuil y Jean-Baptiste Fressoz, *L'Événement anthropocène. La Terre, l'histoire et nous*, Paris, Seuil, 2016.

— III —
Teoría de la raíz

1   Howard J. Dittmer, «A Quantitative Study of the Roots and Root Hairs of a Winter Rye Plant (Secale cereale)», *American Journal of Botanics*, 24, 1937, pp. 417-420.

2   Al menos hasta el fin del devónico, las plantas vasculares parecerían haber vivido sin desarrollar ejes radicales; ver J.A. Raven y Diane Edwards, «Roots:

Evolutionary Origins and Biogeochemical Significance», *Journal of Experimental Botany*, 52, 2001, pp. 381-401; P.G. Gensel, M. Kotyk y J.F. Basinger, «Morphology of Aboveand Below-Ground Structures in Early Devonian (Pragian – Emsian)», en P.G. Gensel y D. Edwards (eds.), *Plants invade the Land: Evolutionary and Environmental Perspectives*, New York, Columbia University Press, pp. 83-102; Nuno D. Pires y Liam Dolan, «Morphological Evolution in Land Plants: New Designs with old Genes», *Philosophical Transactions of Royal Society*, B 367, 2012, pp. 508-518, en particular pp. 511-512; Paul Kenrick y Christine Strullu-Derrien, «The Origin and Early Evolution of Roots», *Plant Physiology*, 166, 2014, pp. 570-580; Paul Kenrick, «The Origin of Roots», en A. Eshel y T. Beeckman (eds.), *Plant Roots: The Hidden Half*, 4° ed., Londres, Taylor & Francis, 2013, pp. 1-13 (el volumen es absolutamente decisivo y contiene una vasta bibliografía).

3   Gar W. Rothwell y Diane M. Erwin, «The Rhizomorph of Paurodendron, Implications for Homologies among the Rooting Organs of the Lycopsida», *American Journal of Botany*, 72, 1985, pp. 86-98; Liam Dolan, «Body Building on Land – Morphological Evolution of Land Plants», *Current opinion in plant biology*, 12, 2009, pp. 4-8.

4   El origen de esta imagen es muy antiguo. Sobre la cuestión, ver Cari-Martin Edsman, «Arbor inversa. Heiland, Welt und Mensch als Himmelspflanzen», *Festschrift Walter Baetke dargebracht zu seinem 80. Geburtstag am 28. Marz*, 1964, Weimar, 1966, pp. 85-109; y Luciana Repici, *Uomini capovolti. Le piante nel pensiero dei greci*, Bari, Laterza, 2000.

5   Aristóteles, *De anima*, II, 4; 416 a 2 sq.

6   Averroes, *Commentarium Magnum in Aristotelis «De Anima» libros*, Crawford (ed.), CCAA versio Latina vol. VI, 1, Cambridge, 1953, p. 190.

7   Guillaume de Conches, *Dragmaticon (Dragmaticon Philosophiae* 6.23.4) en *Opera omnia*, vol. I, Italo Ronca (ed.), CCCM 152, Turnout, Brepols, p. 259; Alain de Lille, *Liber in distinctionibus dictionum theologicalium*, en MPL 210 c. 707-708; Alexander Neckam, *De naturis rerum* 2, 152 ed Wright 232 ; Hugo Ripelin, *Compendium Theologicae Veritatis* 2, 57, Pais (ed.), t. 34, p. 78a. Se trata verdaderamente de un lugar común difundido en todas las formas de saber y de escritura; ver, por ejemplo, Cornelius a Lapide, *Commentaria in Danielem Prophaetam*, cap. IV, v. 6, en *Commentaria in quatuor Prophetas Maiores, Apud Henricum et Cornelium Verdussen*, MDCCIII, p. 1298; Id, *Commentaria in Marcum*, cap. VIII, en *Commentarius in evangelia*, 2° ed., MDCCXVII, Venise, Hieronymi Albritii venetiis, p. 461. Para Francis Bacon, ver *Novum Organum*, en *Collected Works of Francis Bacon*, vol. 7, parte 1, pp. 278-279.

8   Carl von Linné, *Philosophia Botanica in qua explicantur Fundamenta Botanica*, Vienne, Ioannis Thomae Trattner, 1763, p. 97: «planta animal inversum veteribus dictum fuit».

9   Charles Darwin, *La Faculté motrice dans les plantes*, Paris, Reinwald, 1882, p. 581. Ver también F. Baluška, S. Mancuso, D. Volkmann y P.W. Barlow, «The "Root-brain"

Hypothesis of Charles and Francis Darwin Revival after more than 125 Years», *Plant Signaling & Behavior*, 12, 2009, pp. 1121-1127.

10   Ver Anthony J. Trewavas, *Plant Behaviour and Intelligence*, Oxford, Oxford University Press, 2014; Stefano Mancuso y Alessandra Viola, *Verde brillante. Sensibilità e intelligenza nel mondo vegetale*, Florence, Giunti, 2013.

11   František Baluška, Simcha Lev-Yadun y Stefano Mancuso, «Swarm Intelligence in Plant Roots», *Trends in Ecology and Evolution*, 25, 2010, pp. 682-683; M. Ciszak, D. Comparini, B. Mazzolai, F. Baluška, F.T. Arecchi, T. Vicsek, *et alii*, *Swarming Behavior in Plant Roots*. PLoS ONE 7(1): e29759. Doi: 10.1371/journal.pone.0029759, 2012. La literatura sobre el tema se ha vuelto extremadamente vasta; cf. F. Baluška, S. Mancuso, D. Volkmann, P.W. Barlow, «Root apices as plant command centres: the unique 'brain-like' status of the root apex transition zone», *Biologia*, 59, 2004, pp. 9-17; E. Brenner, R. Stahlberg, S. Mancuso, J. Vivanco, F. Baluška, E. Van Volkenburgh, «Plant Neurobiology: An Integrated View of Plant Signaling», *Trends of Plant Science* 11, 2006, pp. 413-419; F. Baluška & S. Mancuso, «Plant neurobiology From stimulus perception to adaptive behavior of plants, via integrated chemical and electrical signaling», *Plant Signaling & Behavior*, 6, 2009, pp. 475-476; A. Alpi, N. Amrhein, A. Bertl, M. R. Blatt, E. Blumwald, F. Cervone, *et al*. «Plant neurobiology: no brain, no gain?», *Trends in Plant Science*, 12, 2007, pp. 135-136; E.D. Brenner, R. Stahlberg, S. Mancuso, F. Baluška, E. Van Volkenburgh, «Plant neurobiology: The gain is more than the name», *Trends in Plant Sciences*, 12, 2007, pp. 285-286; P.W. Barlow, «Reflections on 'plant neurobiology'», *BioSystems* 92, 2008, pp. 132-147; F. Baluška (ed.), *Plant-Environment Interactions: From Sensory Plant Biology to Active Plant Behavior*, Berlin New York, Springer Verlag 2009; F. Baluška, S. Mancuso (eds.), *Signalling in Plants*, Berlin New York, Springer Verlag, 2009. Cf. aussi le recent manifeste de P. Calvo, «The philosophy of plant neurobiology: a manifesto», *Synthese* 193, 2016, pp. 1323-1343.

12   Anthony J. Trewavas intenta definir un concepto no cerebral de inteligencia oponiéndose a lo que Vertosick ha denominado el chauvinismo cerebral. Ver Anthony J. Trewavas, *Plant Behaviour and Intelligence, op. cit.*, p. 201 sq.; e Id., «Aspects of Plant Intelligence», *Annals of Botany*, 92, 2003, pp. 1-20; Frank T. Vertosick, *The Genius Within. Discovering the Intelligence of Every Living Thing*, New York, Harcourt, 2002. Para algunas críticas (muy débiles en realidad) hacia la proposición de Trewavas, ver entre otros Richard Firn, «Plant Intelligence: An Alternative Viewpoint», *Annals of Botany*, 93, 2003, pp. 475-481; y F. Cvrčková, H. Lipavská y V. Žárský, «Plant Intelligence: Why, Why not or Where?», *Plant Signal Behaviour*, 4 (5), 2009, pp. 394-399. La idea de la tierra como cerebro es un estribillo extremadamente frecuente en los últimos textos de Marshall McLuhan, ver «The Brain and the Media: The "Western" Hemisphere», *Journal of communication*, vol. 28, 1978, pp. 54-60.

13   Es Dov Koller quien lo ha observado de manera específica: «In this respect, all but very few plants are obligate amphibians, with part of their body permanently in the aerial environment and the remaining part within the soil. This structural differentiation in plants is based on function» (Dov Koller, *The Restless Plant*, Elizabeth Van Volkenburgh (ed.), Cambridge, Harvard University

Press, 2011, p. 1). Sobre la noción de anfibio ontológico en antropología, ver el excelente libro de Eben Kirksey, *Emergent Ecologies*, Durham, Duke University Press, 2015; y René ten Bos, «Towards an Amphibious Anthropology: Water and Peter Sloterdijk», *Society and Space*, 27, 2009, pp. 73-86. Pero en este caso, como en el uso ortodoxo del concepto en biología, la idea presupuesta es la de una habitación sucesiva de dos o múltiples medios.

14   Julius Sachs, «Über Orthotrope und Plagiotrope Pflanzenteile», *Arbeiten des Botanischen Instituts in Würzburg* 2, 1882, pp. 226-284.

15   Sobre el gravitropismo, además de las monografías citadas de Chamovitz, Karban, Koller, ver el clásico Theophil Ciesielski, *Untersuchungen über die Abwärtskrümmung der Wurzel. Beiträte zur Biologie der Pflanzen 1*, 1872, pp. 1-30; Peter W. Barlow, «Gravity Perception in Plants: A Multiplicity of Systems Derived by Evolution?», *Plant, Cell and Environment*, 18, 1995, pp. 951-962; R. Chen, E. Rosen y P.H. Masson, «Gravitropism in Higher Plants», *Plant Physiology*, 120, 1999, pp. 343-350; C. Wolverton, H. Ishikawa y M.L. Evans, «The Kinetics of Root Gravitropism: Dual Motors and Sensors», *Journal of Plant Growth Regulation*, 21, 2002, pp. 102-112; R.M. Perrin, L.-S. Young, N. Murthy, B.R. Harrison, Y. Wang, J.L. Will y P.H. Masson, «Gravity Signal Transduction in Primary Roots», *Annals of Botany*, 96, 2005, pp. 737-743; Miyo Terao Morita, «Directional Gravity Sensing in Gravitropism», *The Annual Review of Plant Biology*, 61, 2010, pp. 705-720.

16   Augustin Pyramus de Candolle, *Organographie végétale ou Description raisonnée des organes des plantes*, Déterville 1827, p. 240. El motivo es ya aristotélico. Ver Aristóteles, *De anima*, II, 4; 416a 2 sq.: «Empédocles no tuvo razón cuando pretendió que los vegetales alcanzaran su crecimiento desarrollando sus raíces en lo bajo, porque esa es la dirección que la tierra alcanza naturalmente; y que ellos se desarrollan hacia lo alto, porque hacia allí se dirige así el fuego».

17   Thomas Andrew Knight, «On the Direction of the Radicle and Germen during the Vegetation of Seeds», *Philosophical Transactions of the Royal Society*, 99, Londres, 1806, pp. 108-120, aquí p. 108. Antes que Knight, Henri-Louis Duhamel de Monceau (que Knight cita) había ya intentado proveer una explicación de la razón por la cual «las bellotas depositadas amontonadas en un lugar húmedo germinan y observamos constantemente que, cualquiera sea la posición que el azar haya hecho tomar a estas bellotas, todas las radículas tienden al suelo, [...] y todas las plumas del género se elevan» (Henri-Louis Duhamel de Monceau, *La Physique des arbres, où il est traité de l'anatomie des plantes et de l'économie végétale*, Paris, Guérin et Delatour, 1758, p. 137).

18   Julius Sachs, «Über Orthotrope und Plagiotrope Pflanzenteile», art. cit.

19   Charles Darwin, *La Faculté motrice des plantes, op. cit.*, p. 199 y 575.

20   Dov Koller, *The Restless Plant, op. cit.*, p. 46.

21   Charles Darwin, *La Faculté motrice des plantes, op. cit.*, p. 200.

22   Friedrich Nietzsche, *Ainsi parlait Zarathoustra*, Prólogo, § 3, traducido del alemán por Maël Renouard, Paris, Rivages, coll. «Petite Bibliothèque Rivages», 2002, p. 33.

23 Aristóteles, *De Plantis*, 817b 20-22.

24 Kliment Timiryazen, *The Life of the Plants. Ten Popular Lectures*, Moscou, Foreign Languages Publishing House, 1953, p. 341. Ver también p. 188: «It is not the leaf as a whole, but the chloroplast that colours it green, which serves as a connecting link between the sun and all things living upon the earth».

25 Julius Mayer, *Die organische Bewegung im Zusammenhang mit dem Stoffwechsel. Ein Beitrag zur Naturkunde*, Heilbronn, Drechsler'sche Buchhandlung, 1845, pp. 36-37.

26 Friedrich Nietzsche, *Ainsi parlait Zarathoustra*, prologue, § 3, *op. cit.*, pp. 33-34.

27 Desde la propuesta de G. Deleuze y F. Guattari de una *geofilosofía*, este geocentrismo se ha vuelto explícito. Cf. G. Deleuze, F. Guattari, *Qu'est-ce que la philosophie?*, Paris, Minuit, 1991; R. Brassier, *Nihil Unbound. Enlightenment and Extinction*, Londres, Palgrave, 2007; E. Thacker, *In the Dust of this Planet. Horror of Philosophy* vol 1, Winchester, Zero Books, 2011; B. Woodard, *On an Ungrounded Earth, Towards a New Geophilosophy*, New York, Punctum Books, 2013. Contra esta tendencia, una excepción es la del excelente libro de P. Szendy, *Kant chez les extraterrestres*. *Philophictions* Cosmopolitiques, Paris, Minuit, 2011.

28 Edmond Husserl, «La Terre ne se meut pas» (1934), traducido del alemán por D. Franck, D. Pradelle y J.- F. Lavigne, en *Philosophie*, Paris, Minuit, 1989, pp. 15-16.

29 *Ibid.*, p. 12.

30 *Ibid.*, p. 19.

31 *Ibid.*, p. 23.

32 *Ibid.*, p. 21.

33 *Ibid.*, p. 27.

34 Gilles Deleuze y Félix Guattari, *Qu'est-ce que la philosophie?*, *op. cit.*, p. 82.

35 Nicolaus Copernicus, *De revolutionibus libri sex*, I.10, en *Gesamtausgabe*, H.M. Nobis y B. Sticker (eds.), vol. II, Hildesheim, 1984, p. 20. Sobre la significación de la revolución copernicana, la literatura es extremadamente vasta. Ver, entre otros, Michel-Pierre Lerner, *Le Monde des sphères II. La fin du cosmos classique II: La fin du cosmos classique*, Paris, Les Belles Lettres, 2008; Alexandre Koyré, *La Révolution astronomique. Copernic, Kepler, Borelli*, Paris, Les Belles Lettres, 2016; y Thomas S. Kuhn, *La Révolution copernicienne*, Paris, Les Belles Lettres, 2016.

36 Es la conclusión que Giordano Bruno extrajo de las de Copérnico: «Astrorum igitur unum terra est, que non minus digno altoque caelo comprehenditur quia quodcunque ex aliis aliud» (Giordano Bruno, *Camoeracensis Acrotismus, Opera latine conscripta*, Naples, F. Fiorentino, 1971, art. LXV). Sobre Bruno y Copérnico, ver los excelentes libros de Miguel A. Granada, *El debate cosmológico en 1588. Bruno, Brahe, Rothann, Ursus, Röslin*, Naples, Bibliopolis, 1996; e *Id., Sfere solide e cielo fluido: momenti del dibattito cosmologico nella seconda metà del Cinquecento*, Milan, Guerini e Associati, 2002.

37 Para una perspectiva cosmocéntrica muy diferente pero extremadamente radical y original cf. la obra maestra de F. Ludueña, *Más allá del principio antrópico. Hacia una filosofía del Outside*, Buenos Aires, Prometeo Libros, 2012. Toda la obra de F. Ludueña podría ser considerada como una especulación sobre el cosmos como espacio abiótico.

— IV —
Teoría de la flor

1 Para una iniciación en la biología de las plantas de flor, que es extremadamente compleja, ver las obras de divulgación de Peter Bernardt, *The Rose's Kiss: A Natural History of Flowers*, Washington DC, Island Press, 1999; Sharman A. Russel, *Anatomy of a Rose: Exploring the Secret Life of Flowers*, New York, Perseus Book, 2001; William C. Burger, *Flowers: How They Changed the World*, New York, Promethesus Book, 2006; Stephen L. Buchmann, *Reason for Flowers: Their History, Culture, Biology, and How They Change Our Lives*, New York, Scribner, 2015.

2 Hans André, «La différence de nature entre les plantes et les animaux», *Cahier de Philosophie de la nature IV: vues sur la psychologie animale*, Paris, Vrin, 1930, p. 26.

3 Es sobre este aspecto que se ha podido evaluar la insuficiencia del libro, bastante bien documentado, de Oliver Morton, *Eating the Sun: How Plants Power the Planet*, New York, HarperCollins, 2008.

4 Sobre esta cuestión, ver la obra de Edgar Dacqué sobre la morfología idealista. Ver Edgar Dacqué, *Natur und Seele. Ein Beitrag zur magischen Weltlehre*, Munich/Berlin, Oldenburg, 1926. Para una perspectiva más moderna, ver Michele Spanò, «Funghi del capitale», *Politica e società*, 5, de próxima publicación.

5 Hierocles, *Hierocles the Stoic: Elements of Ethics, Fragments, and Excerpts*, Ilaria Ramelli (ed.), Atlanta, Society of Biblical Literature, 2009, p. 5.

6 *Ibid.*, p. 18. Sobre la oikeiosis estoica, ver Franz Dirlmeier, *Die Oikeiosis-Lehre Theophrasts*, Leipzig, Dieterich, 1937; Roberto Radice, *Oikeiosis Ricerche sul fondamento del pensiero stoico e sulla sua genesi*, Milan, Vita e Pensiero, 2000; Chang-Uh Lee, *Oikeiosis. Stoische Ethik in naturphilosophischer Perspektive*, Fribourg/Munich, Alber Verlag, 2002; Robert Bees, *Die Oikeiosislehre der Stoa. I. Rekonstruktion ihres Inhaltes*, Wurtzbourg, Königshausen und Neumann, 2004.

7 Sobre la auto-incompatibilidad, ver Simon J. Hiscock y Stephanie M. McInnis, «The Diversity of Self-Incompatibility Systems in Flowering Plants», *Plant Biology*, 5, 2003, pp. 23-32; D. Charlesworth, X. Vekemans, V. Castric y S. Glémin, «Plant Self-Incompatibility Systems: A Molecular Evolutionary Perspective», *New Phytologist*, 168, 2005, pp. 61-69.

8 Sobre la historia de la noción de gen, ver André Pichot, *Histoire de la notion de gène*, Paris, Flammarion, 1999.

9   Jan Marek Marci de Kronland, *Idearum operatricium idea sive hypotyposis et detectio illius occultae virtutis, quae semina faecundat et ex iisdem corpora organica producit*, Prague, 1635.

10 Peter Soerensen, *Ideae medicinae philosophiacae continens totius doctirnae paracelsianae Hippocraticae et galienicae*, Bâle, 1571.

11 Sobre estos problemas, ver Walter Pagel, *Paracelsus. An introduction to Philosophical Medicine in the Era of Renaissance*, New York, Karger, 1958; *Id.*, *William Harvey´s Biological Ideas. Selected Aspects and Historical Background*, New York, Karger, 1967; y Guido Giglioni, «Il "Tractatus de natura substantiae energetica" di F. Glisson», *Annali della Facolta di Lettere e Filosofia dell'Universita di Macerata*, 24, 1991, pp. 137-179; *Id.*, «La teoria dell'immaginazione nell'Idealismo biologico di Johannes Baptista Van Helmont», *La Cultura*, 29, 1991, pp. 110-145; *Id.* «Conceptus uteri / Conceptus cerebri. Note sull'analogia del concepimento nella teoria della generazione di William Harvey», *Rivista di storia della filosofia*, 1993, pp. 7-22.; *Id.*, «Panpsychism versus Hylozoism: An Interpretation of some Seventeenth-Century Doctrines of Universal Animation», *Acta comeniana*, 11, 1995; *Id., Immaginazione e malattià : Saggio su Jan Baptista van Helmont*, Milan, FrancoAngeli, 2000.

12 En palabras de Charles Drelincourt (*De conceptione adversaria* 1685, pp. 3-4): «conceptio fit in utero naturalis sicut in cerebro fit conceptus animalis». La fundación de esta analogía puede tener lugar en los dos sentidos.

13 Es la idea de Peder Soerensen, quien, a propósito de sus *semina,* escribe: «nec laboriosam sortem obtinuerunt: sine sollicitudine defatigatione, ratiocinatione, dubitatione, pensum absolvunt, scientia ingenita vitali, ipsa denique essentia. Tales scientiae quia cognitionis consensum et conscientiam non habent, dicuntur non scire ea quae faciunt, et tamen videntur scire: operibus enim documenta ponunt divinae scientiae» (Idea *medicinae philosophicae, op. cit*, p. 91).

14 «Aequivoce enim nostra scientia cum illa confertur. Nos sensibus memoriis rationum deductionibus et multa solliciitudine praecepta ordinatae coniungentes scientias acquirimus, illis innata est, non veluti accidentia subiectis innascuntur ; sed est ipsa earum essentia, vita potestas ideoque validius agere potest. Nostra morta est, si cum hac conferatur» (*ibid.*, p. 91).

15 «Ex dictis autem elucescit, dari perceptionem priorem, generaliorem et simpliciorem ea sensuum et consequenter dari perceptionem naturalem. Dices, etiamsi haec perceptio non veniat ab anima sensitiva, posse tamen ab anima vegetativa commode deduci. Aristoteles enim videtur insinuare, animal primo vivere vitam plantae dein animalis. Respondeo ut se habet forma triticei ad formam plantae ex se formandae ita se habere formam ovi ad formam pulli inde oriundi ; sed in utrisque formam inchoatam a perfecta solis gradibus perfectioinis differre. [...] Si ergo formam ovi animam sensitivam inchoatam (quamvis sit praeter usum loquendi) vocari placuerit, per me licet : sed res eodem redit. Ejus enim perceptio non fuerit sensitiva, sed tantum naturalis. Res aperta est in grano tritici in quo simiilter inest perceptio naturalis, qua se satum in planta sui generis format, sed ad sensum nunquam aspirat. Atque adeo haec perceptio

res clare distincta est a sensu» (Francis Glisson, *Tractatus de natura substantiae energetica*, Londres, 1672, s. p. Ad Lectorem).

16 «Dico perceptionem naturalem nullo modo posse actionem suam suspendere aut se ab obiecto oblato avertere; sed perpetuo ad excitandum appetitum naturalem et facultatem motivam recta pergere» (Francis Glisson, *Tractatus, op. cit.*, s. p. *Ad Lectorem*).

17 Lorenz Oken, *Lehrbuch der Naturphilosophie*, 3° ed., Zurich, Friedrich Schultheiß, 1843, p. 218. Sobre Oken y la biología romántica, ver el bellos estudio de Sibille Mischer, *Der verschlungene Zug der Seele: Natur, Organismus und Entwicklung bei Schelling, Steffens und Oken*, Wurtzbourg, Königshausen & Neumann, 1997.

— V —
Epílogo

1 La bibliografía sobre la división disciplinaria es inmensa. Ver, entre otros, Jean-Louis Fabiani, «À quoi sert la notion de discipline», en J. Boutier, J.-C. Passeron y J. Revel, *Qu'est-ce qu'une discipline?*, Paris, EHESS/Enquête, 2006, pp. 11-34; Dan Sperber, «Why Rethink Interdisciplinarity?», [www.interdisciplines.org/medias/confs/archives/ archive_3.pdf], 2003-2005; Thomas S. Kuhn, «The Essential Tension», en *The Essential Tension*, Chicago/Londres, The University of Chicago Press, 1977, pp. 320-339; John Horgan, *The End of Science. Facing the Limits of Knowledge in the Twilight of the Scientific Age*, Reading, Addison-Wesley, 1996.

2 Ver Ilsetraut Hadot, *Arts libéraux et philosophie dans la pensée antique. Contribution à l'histoire de l'éducation et de la culture dans l'Antiquité*, Paris, Vrin, 2006.

3 En este sentido, la extraña imbricación entre lo social y lo epistemológico que la antropología de las ciencias cree poder explicar por la modernidad y su constitución es más modestamente el efecto de una institución; mejor, de la institución por excelencia que durante siglos ha generado la administración de los saberes. Ver Bruno Latour y Steve Woolgar, *Laboratory Life: The Social Construction of Scientific Facts*, Beverly Hills, Sage Publications, 1979; y Bruno Latour, «Textes à l'appui. Série Anthropologie des sciences et des techniques», en *La Science en action*, traducido del inglés por Michel Biezunski y revisado por el autor, Paris, La Découverte, 1989.

Nota tipográfica

Al momento de realizar la puesta en página de esta obra se optó por una tipografía con caja de x baja y astas ascendentes prominentes y estilizadas, que dieran a la vista una sensación vital. La familia Bellfair, desarrollada por la fundidora de tipos Shinntype, fue la seleccionada para el texto corrido. En los títulos la elección fue la tipografía Isadora, ya que se buscaba privilegiar formas que remitieran al art nouveau, para lograr un maridaje armónico con el tono y peso visual del texto corrido y con los ornamentos florales que acompañarían la puesta.

G. Miño

Esta edición se terminó de imprimir en septiembre de 2017, en los talleres de Gráfica LAF, ubicados en Monteagudo 741, San Martín, Provincia de Buenos Aires, Argentina.

Made in the USA
San Bernardino, CA
21 August 2019